中国储备粮管理集团有限公司

员工岗位培训教材

安全生产

中国储备粮管理集团有限公司　编写

中国财经出版传媒集团

中国财政经济出版社

图书在版编目（CIP）数据

安全生产／中国储备粮管理集团有限公司编写．--北京：中国财政经济出版社，2021.12

中国储备粮管理集团有限公司员工岗位培训教材

ISBN 978－7－5223－0761－9

Ⅰ.①安… Ⅱ.①中… Ⅲ.①粮食行业－仓储企业－安全生产－岗位培训－教材 Ⅳ.①F259.23

中国版本图书馆CIP数据核字（2021）第189497号

责任编辑：王　飏　　　　责任校对：徐艳丽

封面设计：任海亮

安全生产

ANQUAN SHENGCHAN

中国财政经济出版社 出版

URL：http：//www.cfeph.cn

E－mail：cfeph@cfeph.cn

社址：北京市海淀区阜成路甲28号　邮政编码：100142

营销中心电话：010－88191522

天猫网店：中国财政经济出版社旗舰店

网址：https：//zgczjjcbs.tmall.com

北京鑫海金澳胶印有限公司印装　各地新华书店经销

成品尺寸：170mm×230mm　16开　20.5印张　254 000字

2021年12月第1版　2021年12月北京第1次印刷

定价：61.00元

ISBN 978－7－5223－0761－9

（图书出现印装问题，本社负责调换，电话：010－88190548）

本社质量投诉电话：010－88190744

打击盗版举报热线：010－88191661　QQ：2242791300

编委会名单

编写组名单

张　峰　张秀明　佀洪涛　刘彦辉　商元新
郑宜棉　陈思奇　王笑竹　蔡梦阁　戚　浩
宋国敏　张学鹏　杨乃生　孙　超

序

善于学习，就是善于进步。中储粮的历史经验和现实发展都告诉我们，没有中储粮大培训，没有干部员工大学习，就没有事业大发展。面对不稳定性不确定性增强的复杂变局，面对二十多年来波澜壮阔的实践，我们要团结带领全系统广大干部员工将集团公司建设成为高质量服务国家粮食安全战略支撑力量、世界一流农产品储备集团，就必须更加崇尚学习、积极学习、持续深化学习，不断强化教育培训和实践锻炼，努力增进广大干部员工对中储粮的政治认同、思想认同、文化认同、情感认同，努力锻造出一支懂粮食、会经营、善管理的过硬队伍，为完成“做实垂直管理体系、做强储备保障功能、做优服务调控机制、用好两个市场资源”重点任务提供强大的人才队伍支撑。

中储粮依靠学习走过了不平凡的历程，取得了辉煌的成绩，今后更要依靠学习赢得未来。“十四五”时期是中储粮系统管好“大国粮仓”、增强服务国家粮食安全战略能力的关键期，是完善公司治理体系和提升治理能力的攻坚期，是全面推进高质量发展的机遇期，也是企业深化改革的转型期。在这样的关键时期，我们的“赶考”之心不能变，“赶考”之行不能停，全系统广大干部员工要胸怀全局、立足变局，坚持政治建设为要、主责主业为本、防范风险为基、高质量发展为重，不断提高“立足新发展阶段、贯彻新发展理念、构建新发展格局”的政治能力、战略眼光、专业水平，努力锻造对党忠诚、勇于创新、治企有方、兴企有为、清正廉洁的干部队伍和爱国、敬业、诚信、友善的模范员工队伍。

中储粮培训中心在公司成立十周年之际编写的第一套培训教材，在系统干部员工培训中发挥了重要作用，有力推动了广大干部员工岗位技能的提升和综合素质的提高，得到了广大干部员工的充分肯定。值此公司成立二十周年之际，培训中心启动了增编新教材、修订旧教材的工作，这套教材反映了新时代中储粮工作的新要求、新经验、好做法，希望各级各类干部员工在教育培训中要注重用好这套教材，促进“听党话、管好粮、不出事、效益好”的新要求在全系统落地生根，促进新经验、好做法在全系统开花结果，为增强服务保障国家粮食安全战略能力，提升企业竞争力、创新力、控制力、影响力、抗风险能力，推动公司治理体系和治理能力现代化，实现高质量发展贡献力量。

中国储备粮管理集团有限公司董事长　党组书记

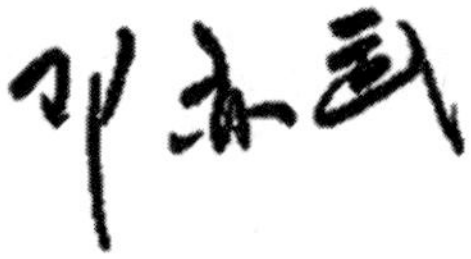

前言

生命重于泰山。党的十八大以来，以习近平同志为核心的党中央，高度重视安全生产工作，坚持“人民至上、生命至上”，中国储备粮管理集团有限公司始终贯彻“安全第一、预防为主、综合治理”的方针，落实“党政同责、一岗双责、齐抓共管、失职追责”和“管行业必须管安全、管业务必须管安全、管生产经营必须管安全”的要求，创建“八个一”全员责任制，坚决防范并化解各类安全生产风险，坚守发展决不能以牺牲人的生命为代价这条不可逾越的红线。

本书依据国家安全生产法律法规，总结安全生产管理实践经验，从安全生产管理、安全隐患辨识、典型事故案例、国家法律法规四方面，全面阐释粮食企业安全生产管理实务，具有实用性强、易于操作、受众面广等特点。一是突出贴近实际。全书所涉及安全生产管理方面的要求，多数已作为中储粮系统直属企业的安全制度，并在长期实践的基础上，经历了修订完善，基本符合粮食企业安全生产的实际需要。二是突出实务操作。全书简化了安全生产概念性解释，重点聚焦在消防、用电、作业等实操环节，总结提炼了安全生产的关键点、易漏点，便于学习和记忆。三是突出简洁易懂。全书文字精练，图文并茂，融入了粮食企业的典型事故案例，能够让新员工直观地把握安全生产要点，也为安全生产管理者提供应对难题的答案，尽最大限度传播安全生产知识。

本书编写的目的是为粮食企业安全生产管理提供借鉴与参考，共同提升粮食行业安全生产管控水平，更好地保障人民生命安全和国家粮食安全。由于时间所限，本书在编写过程中难免有所疏漏，敬请批评指正。

《安全生产》编写组

2021 年 6 月

目录

第一章

安全生产管理

习近平总书记多次强调指出，安全生产人命关天，发展决不能以牺牲人的生命为代价。统筹发展和安全，发展是大事，安全生产也是大事，所有企业都必须认真履行安全生产主体责任，加强安全生产管理工作，做到安全投入到位、安全培训到位、安全管理到位、应急救援到位，确保安全生产。

第一节　安全责任

安全生产责任制是安全生产的灵魂。安全生产责任不明确，安全生产工作就难以落到实处。根据“党政同责、一岗双责、齐抓共管、失职追责”和“管行业必须管安全、管业务必须管安全、管生产经营必须管安全”的要求，明确各企业领导、各职能部门、各岗位人员的安全生产职责，是国家安全生产法律法规的基本要求，是企业抓好安全生产管理工作的首要前提和重要举措。中国储备粮管理集团有限公司深入推进安全生产全员责任制建设，逐步形成了“层层负责、人人有责、各负其责”安全发展责任体系。

一、第一责任

各级企业主要负责人是本单位安全生产的第一责任人，对安全生产工作全面负责。

（一）人员范围

法律上所指的企业主要负责人应当是实际领导、指挥生产经营单位日常生产经营活动、能够承担生产经营单位安全生产工作主要领导责任的决策人。一般为企业的法定代表人，也包括党组织书记、董事长、总经理（厂长）、主持全面工作的实际负责人等。

（二）主要职责

《中华人民共和国安全生产法》第二十一条明确规定了企业主要负责人应负有的安全生产职责。

1. 建立健全并落实本单位全员安全生产责任制，加强安全生产标准化建设；

2. 组织制定并实施本单位安全生产规章制度和操作规程；

3. 组织制定并实施本单位安全生产教育和培训计划；

4. 保证本单位安全生产投入的有效实施；

5. 组织建立并落实安全风险分级管控和隐患排查治理双重预防工作机制，督促、检查本单位的安全生产工作，及时消除生产安全事故隐患；

6. 组织制定并实施本单位的生产安全事故应急救援预案；

7. 及时、如实报告生产安全事故。

二、一岗双责

按照安全生产“一岗双责”和“管业务必须管安全”的要求，各级企业负责人对安全生产都应承担相应职责。其中主管安全生产的负责人负责安全生产工作、安全总监协助主要负责人落实安全生产工作，其他负责人落实主管范围内的安全生产相关工作。

（一）企业主管安全生产负责人的职责

参照中共中央办公厅、国务院办公厅印发的《地方党政领导干部安全生产责任制规定》第八条，企业主管安全生产负责人的主要职责包括：

1. 组织制定贯彻落实党中央、国务院关于安全生产决策部署，安全生产方针政策、法律法规的具体措施；

2. 协助企业主要负责人落实安全生产的领导职责，督促落实企业安全生产的决策部署；

3. 协助企业主要负责人推进企业安全生产工作，负责安全生产委员会日常工作，组织实施安全生产监督检查、巡查、考核等工作，协调解决重点难点问题；

4. 组织实施安全风险分级管控和隐患排查治理预防工作机制建设，指导安全生产专项整治；

5. 加强安全生产应急能力建设，依法组织或者参与生产安全事故抢险救援和调查处理，组织开展生产安全事故责任追究和整改措施落实情况评估；

6. 统筹推进安全生产信息化、教育培训、技术应用等工作。

（二）企业其他负责人的安全职责

参照中共中央办公厅、国务院办公厅《地方党政领导干部安全生产责任制规定》第九条，企业其他负责人由于分管业务不同，结合具体实际工作，明确其在安全生产方面承担的具体职责，主要包括：

1. 组织主管部门贯彻执行党中央、国务院关于安全生产的决策部署，安全生产方针政策、法律法规；

2. 组织主管部门健全和落实安全生产责任制，将安全生产工作与业务工作同时安排、同时组织、同时检查；

3. 指导主管部门把安全生产工作纳入工作计划，加强和支持安全生产工作；

4. 统筹推进主管部门安全生产工作，每年定期组织分析安全生产形势，及时研究解决安全生产问题。

三、部门责任

企业要依法建立健全安全生产领导机构和安全生产监督管理机构，并明确相应的安全生产职责。

（一）安全生产领导机构的职责

1. 集团公司层面成立由总经理任主任、分管安全生产工作的副总经理、安全总监任副主任，各职能部门主要负责人任委员的安全生产委员会（以下简称安委会），对全系统安全生产实施组织领导。安委会办公室设在安全生产监督管理部，负责安委会日常工作。

安全生产监督管理部对全系统安全生产进行监督管理、指导和考核，并对其他职能部门的安全生产管理实施监督。各职能部门对本部门业务范围内的安全生产进行监督管理。

2. 二级公司层面成立总经理任主任、其他班子成员任副主任、各处主要负责人任委员的安全生产委员会，对所辖企业安全生产工作实施组织领导。指定专门处室承担安委会办公室职能。

对于生产存在危险性较大的二级公司应设置安全总监，成立独立安全生产管理部门，负责所辖企业安全生产监督管理工作。

其他二级公司安委会办公室配备专职人员，承担安全生产监督管理工作，并对其他职能处室的安全生产管理实施监督。

3. 三级公司层面成立由法定代表人任组长、其他班子成员任副组长，各科室主要负责人任成员的安全生产领导小组，对本企业安全生产实施全方位管理。

油脂类企业设立独立安全办公室，储棉类企业设立安全科并建立消防队，其他储粮企业配备专职安全员。

（二）安全生产管理机构以及安全生产管理人员的职责

1. 组织或者参与拟订本单位安全生产规章制度、操作规程和生产安全事故应急救援预案；

2. 组织或者参与本单位安全生产教育和培训，如实记录安全生产教育和培训情况；

3. 组织开展危险源辨识和评估工作，督促落实本单位重大危险源的安全管理措施；

4. 组织或者参与本单位应急救援演练；

5. 检查本单位的安全生产状况，及时排查生产安全事故隐患，提出改进安全生产管理的建议；

6. 制止和纠正违章指挥、强令冒险作业、违反操作规程的行为；

7. 督促落实本单位安全生产整改措施。

四、全员责任

按照“一人一区块、一区一清单、一月一考核、一岗一奖金”的要求，健全安全生产“8个一”全员责任制，推动形成“人人了解、人人参与、人人监督、人人自律”的安全生产强大合力，构建“层层负责、人人有责、各司其责”的安全发展责任体系。

（一）一人一区块，合理划分安全责任区

1. 优化安全责任区

综合评估工作岗位、作业性质、区域环境、危险源等多重因素，因地制宜、因库制宜划分安全责任区，确保安全责任区覆盖所有区域、覆盖所有环节、覆盖所有岗位、覆盖所有人员。

2. 公示安全责任区

安全责任区的划分应经直属企业安全生产领导小组讨论通过，并制作安全责任区平面图，落实责任区上墙公示。平面图内容应至少包括：责任人、责任区、责任范围、责任边界。

3. 调整安全责任区

按照“特殊岗位固定责任区，同类岗位轮换责任区”的原则，同类岗位每年调整一次责任区，防止惯性消极观念产生。特殊岗位主要有药剂库、机修间、制氮机房、配电房等区域。责任人长时间不在岗的应及时调整。

（二）一区一清单，明确安全生产职责

1. 制定危险源清单

按照《直属企业安全生产检查指南》，结合直属企业安全风险评估，客观查找责任区危险源，明确危险等级与防护措施。据此制定《安全责任区危险源清单》，并作为责任区安全管理事项。

2. 明确岗位安全责任

根据岗位职责特点和工作内容，按照分管领导、职能科室、生产班组、现场责任人四个类别，分析岗位安全风险，明确安全管理能力，梳理岗位安全职责，据此制定《岗位安全责任清单》。

3. 组织责任制培训

《安全责任区危险源清单》重点培训安全危险源辨识与防护；《岗位安全责任清单》重点培训岗位安全责任制内容与要求。确保全员知悉岗位安全责任，熟悉安全风险辨识方法，正确履行安全生产职责。

（三）一月一考核，落实安全生产考核

1. 实行三级安全检查

严格执行安全责任人日常自查、科室周查、安全生产领导小组月查制度。实行问题隐患整改验收和销号制度，检查发现的问题应建立台账。能整改的要立查立改，不能整改的应制定分阶段整改方案和日常防护措施。

2. 执行月度安全考核

集团公司、分（子）公司和有关行政单位，检查发现每项隐患扣50元奖金；直属企业月度安全考核自查，发现每项隐患扣20元奖金。依据政府有关部门事故责任认定结果，凡库区发生火灾和人员伤亡责任事故的，全体员工不得发放年度安全奖金。

3. 落实考核结果通报

月度安全考核结果应由安全生产领导小组讨论通过，并公示不少于5个工作日。公示内容包括考核依据、考核标准、考核结果、具体问题描述。考核结果应存档作为年度兑现奖金依据。

（四）一岗一奖金，兑现安全生产奖金

1. 预留安全生产奖金

直属企业每年年初在工资总额中，按每人不低于2000元的标准预留安全生产奖金。劳务外包人员安全奖金从劳务费中列支。于次年1月31日之前，必须按照考核结果兑现安全生产奖金。

2. 实行差异化奖励

根据责任区大小、危险源数量、危险程度等因素，确定不同岗位安全生产奖金系数。奖金系数可划分为两类，一类是作业区域系数 1.1—1.5，另一类是非作业区域系数 0.5—0.9。直属企业可在此基础上，再具体细化岗位奖金系数。

3. 规范安全奖金罚没

扣发的奖金使用限于安全投入和他人安全奖励。因直属企业内部自查发现隐患扣发的奖金，由直属企业自行使用；因集团公司、分（子）公司和有关行政单位检查发现隐患，或因火灾和人员伤亡责任事故被扣发的奖金，由分（子）公司在辖区内统筹使用。

第二节 安全管控

习近平总书记强调，要居安思危，增强忧患意识、风险意识、责任意识，有效防范各种潜在风险。结合企业实际，从消防安全、机电安全、出入仓作业安全等日常工作出发，进一步明确企业安全生产管控重点，切实防范各类事故风险，实现“人安、粮安、库安”。

一、一般要求

（一）消防安全

消防安全管理主要包括日常管理、基础建设、防火防爆、微型消防站建设等方面。

1. 日常防火管控

（1）生产区域实行全面禁烟禁火，加强出入库管理，严禁任何车辆、人员携带烟火进入库区，并有效防范外来火源。

（2）生产区域严禁存放易燃易爆物品，生产作业所需的易燃物品应与储粮区域保持30米以上的安全距离。

（3）按照国家标准配备消防设施器材，定期组织检查维修，对建筑消防设施每年至少进行一次全面检测，确保完好有效。检测记录应当完整准确，存档备案。

（4）任何单位和个人不得损坏、挪用、擅自拆除或停用消防设施器材，不得埋压、圈占、遮挡消火栓或者占用防火间距，不得占用、堵塞、封闭疏散通道、安全出口、消防车通道。

（5）粮、棉、油仓房应按规定安装避雷装置，并定期检测保证有效。

2. 消防基础建设

（1）灭火器配置

①每个廒间内外各配备至少2个灭火器，药品库、器材库至少配备2个手推式灭火器或4个手提灭火器，化验室、配电房至少配备2个二氧化碳灭火器，动火作业现场至少配备2个灭火器。

②灭火器软管、封签、筒体各部位完好，压力在有效范围内（贮压式灭火器压力指示在绿色范围内，二氧化碳灭火器和储气瓶式灭火器用称重法检查）。

③每月按要求检查（有点检卡），灭火器未超有效期。

（2）消防与疏散通道

①库区应设置环形消防车道或回车场，确有困难应沿建筑物的两个长边设置消防车道，消防车道的净宽度和净高度均不小于4米。

②设有应急平面图、关键区域贴有紧急疏散平面图和明显应急逃生

标识，消防通道、疏散通道、安全出口保持畅通。

③防火防烟分区、防火间距符合消防技术标准。

（3）消火栓

①库区内设置消防栓（消防鹤），消防栓间距不超过 120 米，消防栓无破损、无挪用、无缺失。

②每年全面检测一次消防设施（由有资质的消防设施检测机构进行）。

③消防栓（消防鹤）供水正常，喷出水柱高度不小于 10 米。

④消防栓设立醒目标识，消防栓附近设立消防箱，配有至少 2 盘消防水带、水枪和开关阀门扳手。

⑤地处寒区的仓库，寒冷季节要采取防冻措施。

（4）消防水泵

①建有消防水池，水源充足。

②设置独立消防泵房，配置 2 台以上消防泵，能正常使用。

③有双回路供电或配有应急发电机、内燃机消防泵。

④消防泵、稳压泵、污水泵应标有操作标识。

⑤消防井内无积水，消防管网无漏水。

3. 微型消防站建设

除企业必须建立专职消防队外，其他企业因地制宜建设微型消防站，并鼓励提高建设标准。

（1）等级划分

微型消防站分为一级、二级和三级。

（2）规模划分

①库区符合以下条件之一的，应建设一级微型消防站：

A. 含有米面加工车间，且总仓容超过 30 万吨的；

B. 无消防管网或消防管网失效，且总仓容超过 20 万吨的；

C. 油脂加工企业；

D. 露天储粮规模超过 5 万吨的；

E. 因历史原因，存在大量可燃气体、易燃液体的，或距离炼焦、炼油、煤气、化工等危险单位安全范围小于 1000 米的。

②库区符合以下条件之一的，应建设二级微型消防站：

A. 含有米面加工车间，且总仓容小于 30 万吨的；

B. 无消防管网或消防管网失效，且总仓容小于 20 万吨的；

C. 露天储粮规模小于 5 万吨的。

③除建设一级、二级微型消防站外的其他库区，可建设三级微型消防站。

（3）选址

微型消防站的选址应符合下列条件：

①应设在单位内便于人员、车辆迅速出动的部位。

②库区内有储存危险化学品的，应设置在常年主导风向的上风或侧风处。

③微型消防站应具备器材库等业务用房，配备消防车的微型消防站应设置消防车（暖）库。

④微型消防站的场地和用房，可在满足使用功能需要的前提下，设置在单位建筑内恰当位置，可与消防控制室合用。具备条件的单位，可单独设置。

⑤微型消防站内应设外线电话、应急广播及应急照明。库区自动火灾报警系统的报警信号必须连接至微型消防站。

（4）人员配备

①库区年满 18—50 周岁，身体健康的人员（含劳务派遣，下同），原则上应是微型消防站义务消防员。

②库区人员少于 6 人的，所有人员应为微型消防站义务消防队员（见表 1－1）。

③微型消防站应设站长、副站长、消防员、控制室值班员等岗位。配有消防车辆的，应设驾驶员岗位。

表 1－1　　义务消防员最低配备数量

微型消防站类别	一级	二级	三级
义务消防员最低人数	10	8	6

（5）装备配备（见表 1－2）

①装备配备应满足扑救本库区内火灾和应急救援的需要。

②消防员防护装备由基本防护装备和特种防护装备组成。

③微型消防站消防队员个人防护装备、应急器材、通信器材等配备，品种及数量可参考《城市消防站建设标准》，但不应低于表 1－2 标准。装备器材应符合国家标准或行业标准。

④距地方消防队或中储棉消防队，车程距离小于 5 分钟的一级微型消防站，可不配置消防车或消防炮。

⑤一级、二级微型消防站应在建筑之间分区设置消防应急战备柜，配置相应消防器材。建筑间的器材放置点，应满足备勤人员从器材存放点到达任意事故现场不超过 2 分钟的要求。

⑥面积较大的库区可因地制宜配置工具车。

表 1－2　　微型消防站车辆器材装备配备标准

序号	类别	器材名称	配备标准		
			一级微型消防站	二级微型消防站	三级微型消防站
1	消防车（炮）	消防车或消防炮	≥1 辆	选配	选配
2	灭火器材	细水雾灭火装置	≥2 具	≥2 具	≥2 具
3		灭火器（≥4 公斤装）	≥20 个	≥15 个	≥10 个
4		水枪	≥4 把	≥3 把	≥2 把

续表

序号	类别	器材名称	配备标准		
			一级微型消防站	二级微型消防站	三级微型消防站
5	灭火器材	强光照明灯	2 具	2 具	2 具
6		水带	≥8 盘	≥6 盘	≥4 盘
7		分水器	2 个	2 个	2 个
8		单杠梯	2 具	1 具	1 具
9		消火栓扳手	2 把	2 把	2 把
10	破拆器材	消防大斧	2 把	2 把	2 把
11		绝缘剪断钳	2 把	2 把	2 把
12		消防铁铤	2 把	2 把	2 把
13	个人防护器材	消防头盔	10 顶	8 顶	6 顶
14		消防员灭火防护服	10 套	8 套	选配
15		消防手套	10 副	8 副	6 副
16		消防安全腰带	10 条	8 条	6 条
17		消防员灭火防护靴	10 双	8 双	6 双
18		佩戴式防爆照明灯	10 具	8 具	6 具
19		消防员呼救器	选配	选配	选配
20		消防轻型安全绳	10 根	8 根	6 根
21		消防腰斧	10 把	8 把	6 把
22		消防专用防毒面具	10 具	8 具	6 具
23		正压式空气呼吸器	6 套	4 套	2 套
24	通信器材	固定电话	1 部	1 部	1 部
25		手持对讲机	≥6 台	≥4 台	≥2 台

（6）经费及人员保障

①应将微型消防站建设纳入单位规划，保障建站所需库室。

②应结合单位实际划拨专项经费，用于微型消防站运行、装备器材

维护更新、人员业务和技能培训。

③应充分考虑微型消防站队员参加火灾扑救过程中的危险性，未参加工伤保险的，应为其购买意外伤害保险。

④应充分整合单位安保、控制室值班员、重点岗位人员，合理整编义务消防员。

（7）日常管理

①直属企业各库区是微型消防站建设管理主体，建成后可向辖区公安消防部门备案。

②应定期开展体能和消防技能训练，培训内容包括消防法律法规、火灾预防和扑救及应急救援业务。

③应建立器材装备清单和检查保养制度，定期检查维护保养器材设施。

④应结合安全生产全员责任制，加强落实义务消防员的考核奖惩。

⑤应建立消防安全管理制度，定期开展消防安全检查，及时消除不安全因素。

（8）执勤训练

①应结合领导带班和值班制度，建立值班备勤制度，分班编组执勤，确保 24 小时值班（备勤）。

②可参照《公安消防部队执勤战斗条令》《公安消防部队灭火救援业务训练与考核大纲（试行）》建立执勤训练制度，聘请专业消防队教官开展业务训练，规范执勤行动。

③微型消防站可纳入当地灭火救援联勤联动体系，参与周边区域灭火处置工作。

（9）微型消防站职责

①根据火灾报告、救援求助，及时赶赴本单位现场实施火灾扑救和

应急救援。

②熟悉所在单位区域和消防设施布局情况，制定完善灭火救援预案，定期开展灭火救援演练。

③结合安全生产管理工作，开展防火巡查和消防宣传教育，普及消防安全知识。

（10）义务消防员职责

①参加消防法律法规、火灾预防和扑救及应急救援业务学习训练。

②熟悉库区道路、水源和基本情况，负责防火巡查和消防宣传教育。

③维护保养器材设备和个人防护装备，掌握装备性能和操作使用方法。

④根据职责分工，服从火场负责人的指挥，完成初起火灾扑救和应急救援任务。

（二）机电安全

机电安全管理主要包括用电设施、设备、线路等方面。

1. 用电设施安全

（1）变配电室

①配电室应设置平面布置图、接地网络图，变配电室变压器、高压配电装置、低压配电装置的操作区、维护通道应铺设绝缘胶垫。

②建立健全安全生产责任制、危险源分析、管理制度和操作规程，主要内容上墙明示。

③配电室应设置报警器、应急照明灯、防鼠板、警示标识。

④配电室应配备质量合格、数量满足工作需求的安全工器具：绝缘杆、验电器、携带型短路接地线、绝缘手套、绝缘靴（鞋）等。

⑤配电室应设置防火等级不低于乙级的防火门，向外开启，高压间

门应向低压间开，相邻配电间门应双向开。

⑥配电室门、窗、自然通风的孔洞都应采用金属网和建筑材料封闭，金属网孔应小于 10 毫米 ×10 毫米。

⑦油浸式变压器应设有 100% 变压器油量的储油池或排油设施。

⑧配电室电缆通道应用防火材料封堵。

⑨变电所、变压器、配电室和配电箱与储油罐体或连接罐体的管道设施距离应大于 15 米。

（2）发电机房

①发电机房应配置双路供电电源，以确保发电设备的可靠运行，悬挂平面布置图。

②建立健全管理制度和操作规程，主要内容上墙明示。

③发电机组应配有启动电源配置 2 组，连接端子处牢固、接地装置、无爬碱，电压、电解液正常。

④设有专用储油间，消防沙池，储油间应采用防火墙与发电机房隔开（发电机自带储油箱的除外）。

⑤储油间设置能自行关闭的甲级防火门，储油间内设有通风换气装置，发电机房门设置防火等级不低于乙级的防火门。

⑥油箱外观完好，无生锈严重问题，总储存量不应超过 8 小时的用量，无渗漏现象，设置防漏围堰。

⑦油箱上应有油位标尺，装有排油、排污阀，供油管路无老化，穿管保护。

2. 用电设备安全

（1）配电箱

①配电箱内安装漏电保护装置、线路穿管、接地正常。

②移动配电箱应采用完整的、带保护线的多股铜芯橡皮护套软电缆

或护套软线做电源线，同时应装设漏电保护器。

③插口排列整齐无松动，空气开关容量与控制线路截面积、负载实际功率相匹配。

④配电箱实行上锁、专人管理。

（2）机电设备

①电气设备和线路检修时，执行上锁挂牌制度。

②定期检查电气及自控设备。

③机械配电装置及电气设备配置有效接地装置。

④电气设备要符合“一机一闸一保护”要求。

⑤配电箱带有漏电、过载、短路保护装置。

⑥临时照明满足安全作业照明度、防尘、防水、防震等要求。

⑦输送机、清筛机、扒谷机等机械设备，必须安装固定式防护装置，应设有醒目安全标识，且具有足够的可靠性。

⑧应采用防尘防爆电气设备，接头、插座等不得裸露和松动。

⑨电器产品、燃气用具的安装、使用及其线路、管路的设计和铺设应符合消防技术标准和管理规定。

3. 电气线路安全

（1）电气线路无裸露、无老化、无乱接，仓内用电线路应规范穿管敷设，定期检测电线绝缘情况。

（2）穿过库区、距库区 10 米内高压线有防范措施和警示标志。

（3）自用高压进户线应地下铺设，跨越库区的公用高压线路与建筑的距离应符合《电力设施保护条例》要求。

（4）库区内的树木与电线距离保持 4 米以上。

（5）有限空间照明线符合安全电压要求、符合有限空间动力和照明线路防爆要求。

（6）及时维修设备接头、插座等出现裸露和松动等问题，严禁“带病”使用。

（7）有限空间作业场所照明灯具应符合国家用电安全等级要求。

（三）防汛安全

防汛安全工作按照“防大汛、抢大险、救大灾”总要求，坚持早部署、早准备、早落实，主要包括防汛责任、定级、准备、应急、救灾等方面内容。

1. 防汛责任到位

高度重视防汛工作，认真贯彻落实党中央、国务院及中央领导对防汛工作的重要指示精神，提高思想认识，压实防汛责任，细化防控方案，强化组织动员，充分做好防灾减灾的思想准备和工作准备。要把监测预警、指挥调度、巡查值守、抢险救援、转移安置等各项工作责任，压实到每个层级、每个单位、每个岗位、每个人员，形成有意识、有责任、有组织、有预案、有措施的防汛工作机制。要积极加强与属地防汛抗旱部门的联系沟通，建立联防联控机制，及时掌握灾情险情，共同筑建防汛“安全堤”。

2. 防汛定级到位

结合汛期灾害特点，对照《防汛等级管理标准》（见表 1－3），每年组织开展防汛等级评估定级工作。依据轻重缓急、危险等级，采取针对性、差异化的防汛措施，实施防汛定级管理，着力强化对沿海、沿江、沿湖，多发、易发洪涝灾害等地区直属企业防汛工作。Ⅰ级防汛企业要重点防范洪水和山洪地质灾害，采取有效措施及时排除险情，必要时提前转移储备物资。Ⅱ级防汛企业要重点防范内涝积水，加强排水管网、排涝泵站等设施检查维护，确保排水畅通。

表 1-3 直属企业防汛等级管理标准

级别	定级标准	管控措施	应急物资	备注
Ⅰ：以洪水为主要特征（条件1与其他任一条件符合即可）。	1. 地属国家防汛抗旱总指挥部公布的31个重点防洪城市或54个重要防洪城市的行洪区域； 2. 当地防洪重现期≤20年； 3. 地理海拔较低的江河、河段、湖泊流域，易受直接风暴潮威胁的沿海区域； 4. 地势低于当地历史百年一遇洪水位和当地最高洪水水位； 5. 200米范围内受山体滑坡、泥石流威胁或侵害； 6. 近5年发生过重大洪涝灾害（损失10万元以上）； 7. 所在县、市年度内发生过特大暴雨（12小时降水量≥140毫米，24小时降水量≥250毫米）	1. 建有排涝管网、泵房，建立超水位预警机制，每月定期排查排涝管网； 2. 制定防汛应急处置方案和重大汛情粮食临时转移方案； 3. 建立防汛应急队伍，每年举行一次防汛应急演练； 4. 与地方防汛部门、周边企业建立联防互助机制； 5. 汛期仓房应设置防水墙，防水墙要达到密封防水功效； 6. 汛期每周排除附近山体隐患，及时加固周边松散山体； 7. 每周排查安全隐患，查看仓内渗漏情况； 8. 汛期24小时值班，建立信息预警机制，定期通报汛情	手台式排水泵×3 应急发电设备×1 应急探照灯×10 手推工具车×2 排水管×300米 麻袋×300 铁镐、雨衣、粗线手套、手电、雨鞋、救生衣×20 挡水板、沙土不等 直属企业应根据实际情况配置，增补应急物资	新增租仓和委托定点，应排除Ⅰ级库点
Ⅱ：以内涝为主要特征（条件1与其他任一条件符合即可）。	1. 地属平原、洼地、水网圩区、山谷、盆地等易涝地区，台风登陆省份的内陆市县； 2. 20年≤当地防洪重现期≤50年； 3. 地势高于当地历史百年一遇洪水位，但低于当地历史最高洪水位； 4. 近20年未发生过重大洪涝灾害（损失10万元以上）； 5. 500米范围内受山体滑坡、泥石流威胁或侵害； 6. 所在县市年度内发生过大暴雨的区域（70毫米≤12小时降水量<140毫米，100毫米≤24小时降水量<250毫米）	1. 每年定期清理疏通排水系统； 2. 制定防汛应急处置方案； 3. 与地方防汛部门、周边企业建立联防互助机制； 4. 重点易涝区域仓房应设置防水墙，防水墙要达到密封防水功效； 5. 每月排查安全隐患，查看仓内渗漏情况； 6. 每年举行一次防汛应急演练； 7. 极端天气期间24小时值班	手台式排水泵×2 应急发电设备×1 应急探照灯×10 手推工具车×2 排水管×300米 麻袋×200 铁镐、雨衣、粗线手套、手电、雨鞋、救生衣×10 挡水板、沙土不等 直属企业应根据实际情况配置，增补应急物资	租仓和委托定点，应做好防汛措施

3. 防汛准备到位

提前做好防汛各项准备工作，备足沙袋、铁锹、挡水板、排水泵、手电筒、救生衣等防汛应急物资，依据防汛等级要求封堵机械通风口、砌建挡水墙，露天储粮区应设置围堰，防水墙和围堰高度不低于0.5米。对处于低洼易涝地区的仓房，可视情况增加挡水墙高度，必要时用实体墙封闭仓门。要全面开展汛前自查，重点检查防汛设施设备、排水系统、仓房设施、储粮化学药品储存等问题隐患，及时疏通清理沟、渠、管、网，确保排水通畅，确保汛前防范工作落到实处、万无一失。

4. 防汛应急到位

主汛期来临前，启动防汛周报机制，实行“零报告”制度要求，严格落实领导带班和重要岗位24小时值班制度，及时掌握天气和水文变化情况，做好灾害天气预警，保持信息畅通，严禁擅离值守、脱岗漏岗。要进一步完善防汛应急现场处置方案，灾害易发区域企业要制定粮棉油转移安置方案。要组织企业全体职工成立防汛救灾组，每年至少开展一次综合防汛应急预案演练，提高应急响应能力，确保关键时候“拉得出、冲得上、打得赢”。

5. 防汛救灾到位

一旦遇到汛情灾害，应及时妥善组织抢险救灾，注意人身安全，避免发生次生灾害；灾后要按程序及时申请保险理赔，并及时向上级报告。

（四）储粮药剂安全

储粮药剂安全管理主要包括储粮药品、检化验室、药品库等方面内容。

1. 药品管理

（1）健全储粮化学品管理制度和使用规程，严格落实药品采购、领用与使用记录。

（2）药剂采购和运送环节，要通过药剂厂家送货到库，严禁自行运送药剂，严禁通过邮寄方式采购药剂。

（3）各种药品分类整齐码放，药品离地高度至少50厘米。

（4）非熏蒸期间储粮化学药剂零库存管理（防护剂除外）。

（5）药剂包装物集中封存返还原厂家或进行无害化处理；残渣进行无害化处理（深埋或具备资质的单位处理）。

2. 检化验室

（1）按照药剂性质分类，合理划分区域，药品、溶液应贴有标签，限定储存数量，确保储存安全。

（2）易燃、易爆、剧毒、强腐蚀性的化学品应明确双人收发、专人专账管理，详细记录使用消耗量，严禁随意处置化学废渣、废水。

（3）化学品使用过程中要严格执行操作规程，强化对检、化验人员的防护措施，防止各类事故发生。

（4）实验室电气设备应严格设置接地和保险开关，电线使用三眼插座，并配置急救药品、消防器材、劳保用品。

3. 药品库安全

（1）储粮化学品应独立储存在专用库房，药品库距离办公区、居住区、水源地大于30米。

（2）严格执行化学药剂“五双”管理（双人、双账、双锁、双收、双发）。

（3）通风设备正常运行，人员进入前通风并检测合格。

（4）库房应符合防潮、防渗、防盗、防火和通风功能。

（5）药品库门外应有管理细则和剧毒警示。

（五）劳务外包安全

1. 审核作业资质

严格审核承包单位是否具备资质证照，安全管理机构、安全管理人员是否符合规定，特种作业人员是否持证上岗。

2. 签订安全协议

与外包单位签订安全协议，或在劳务外包合同中明确界定安全生产责任，载明主要危险源、职业危害因素、安全条件、安全保障、应急措施，要求外包单位为劳务人员购买工伤保险或意外伤害保险，并与劳务人员签订《职业健康安全告知书》。

3. 执行作业审批

动火、登高、设备检修、受限空间、吊装、粮食出入仓、熏蒸等作业要严格落实作业审批制度。

4. 落实安全培训

制定安全培训计划、建立安全培训档案，加强外包人员安全培训，并督促承包单位按照规定落实安全培训，外包作业人员应在安全交底或安全生产作业承诺书上签字。

5. 配备劳保用品

为劳务人员配备必要的劳动防护用品。出入仓作业应配备防尘口罩；登高作业应配备安全帽和安全绳；气调、熏蒸和有限空间作业应配备空气呼吸器、氧气和磷化氢检测仪；噪音大的车间应配备隔音耳塞等劳保用品。

6. 履行安全交底

作业前要告知劳务人员作业风险、技术要点、劳动防护用品穿戴方法、应急救援方法等事项。粮食出入仓应告知拆卸挡粮板步骤、特殊粮情处理措施、应急逃生方法等。

7. 核实人员名单

作业前应核查在册劳务人员是否与实际用工人员一致，核查劳务人员资质是否符合作业要求。

8. 加强现场管理

作业现场应设置安全警示牌或警戒线，仓储保管员要现场监督指导，安全员要定期巡查。主要检查是否按规定佩戴劳动防护用品，是否违反作业操作规定，是否落实危险作业现场管理规定。

9. 做好应急措施

督促承包单位按规定配备应急物资、制定应急救援预案，应急救援预案应与发包单位或其他施工单位有效衔接，按要求开展演练和修订应急预案等。

（六）施工安全

施工安全管理主要包括责任落实、“三同时”建设、安全准入、现场监管、应急处置等方面内容。

1. 建设工程各方责任

建设工程参建各方必须遵守安全生产法律法规，依法履行安全生产责任，共同保证建设工程安全生产。

（1）建设单位责任。直属企业作为建设项目法人单位，要严格落实项目法人责任制，如实提供施工现场及毗邻区域地下管线资料、气象和水文观测资料等，要求设计单位规范编制安全生产作业环境及安全施工措施所需费用概算，按合同约定及时支付危险性较大工程（以下简称“危大工程”）施工技术措施费及安全防护文明施工措施费，不要求施工单位压缩合同约定工期，不向施工单位推荐购买安全防护用具及消防器材等。

（2）施工单位责任。施工单位作为建设工程实施主体，承担施工安全生产主体责任。要建立健全安全生产责任制度和安全生产教育培训制度，制定安全生产规章制度和操作规程，保证本单位安全生产条件所需资金投入，设立安全生产管理机构，配备专职安全生产管理人员，加强对分包单位、劳务队伍的入场审核和管理，定期开展作业现场安全检查。对“危大工程”作业编制专项施工方案，项目负责人要全程带班监督管理，确保施工安全。

（3）监理单位责任。监理单位应当按照法律、法规和工程建设强制性标准实施监理，承担建设工程安全生产监理责任。要严格审查施工安全费用投入、安全技术措施和专项施工方案，对“危大工程”编制监理实施细则，对关键工序开展专项巡视检查和旁站，及时制止“三违”作业行为，防范施工安全事故。

2. 安全设施“三同时”建设

建设项目安全设施和职业病防护设施（以下统称“安全设施”）必须与主体工程同时设计、同时施工、同时投入生产和使用。

（1）同时设计。建设项目初步设计阶段，建设单位要委托具有相应资质的设计单位同步开展安全设施设计，分析和评估建设项目潜在危险、有害因素以及周边环境安全，并尽可能采用先进适用的工艺、技术和可靠的设备、设施。

（2）同时施工。建设项目安全设施与建设项目主体工程应当由具备相应资质的施工单位同时施工。监理单位对安全设施施工实施监理，加强现场安全检查，发现问题及时督促整改，确保施工质量安全。

（3）同时投入生产和使用。建设项目竣工后，在正式投入生产或使用前进行安全设施试运行，建设单位要委托具有相应资质的安全评价机构对安全设施进行验收评价，合格后与主体工程一并投入生产和使用。

3. 项目安全准入

建设单位要及时与施工单位签订安全协议，督促监理单位从严把好准入安全关。

（1）资格准入。严格审核从业人员资格，施工单位主要负责人、项目负责人、专职安全人员要取得安全生产考核合格证书。

（2）分包准入。主体结构施工必须由总承包单位自行完成，严禁工程转包，严禁将工程分包给没有相应资质的单位，严禁分包单位将其承包的工程再分包。

（3）人员准入。核实施工单位管理人员与中标通知书信息的一致性，要求施工单位为作业人员购买意外伤害保险，确保施工人员安全培训达标、档案齐全，特种作业人员证件有效。

（4）设备准入。审核入场设备、设施必须具备出厂合格证和厂家生产许可证，租赁单位必须具备资质证书，施工电梯、塔吊、龙门架等大型设备使用前要经过质检部门检验合格方可使用，并妥善留存设备安全档案。

4. 现场安全监管

建设单位要督促施工单位和监理单位抓好施工现场安全监管，重点防范高处坠落、坍塌、火灾、触电等事故风险，确保防护措施有落实、施工人员有培训、危险作业有审批、现场安全有监管。

（1）分区管理。施工单位要对建设项目场地与其他区域独立划分，采取有效物理隔离，实施封闭式管理。

（2）入场培训。监理单位要督促施工单位对现场负责人、安全管理人员、特种作业人员、普通作业人员开展入场前安全培训和书面安全告知，加强轮岗转岗人员岗前培训，让作业人员了解施工条件，熟知安全风险，掌握应急知识，严禁未经培训合格上岗作业。

（3）安全作业。监理单位要督促施工单位落实安全防护措施，严格执行动火、登高、吊装、有限空间等危险作业审批许可和监理现场旁站制度，加强设施设备检查维护，确保运行安全可靠。

（4）全程监管。监理单位要加强全过程、全方位现场安全监管，及时排查安全隐患，督促施工单位落实整改，发现重大隐患的要立即停工，并及时报告建设单位。

5. 突发情况应急处置

建设单位和监理单位要督促施工单位做好事故应急准备工作，妥善处理施工现场各类事故和险情。

（1）应急到位。督促施工单位建立应急预案和现场处置方案，加强现场应急演练，提升突发事件处置能力。

（2）防范到位。结合汛期形势特点，督促施工单位做好汛情灾情防范，加强重点时段值班值守，保持信息畅通，严禁擅离值守，防范次生灾害。

（3）处置到位。施工过程中，一旦发生事故或紧急情况，督促施工单位按照事故处置程序，及时报告事故情况，科学指导抢险救援，最大限度减少人员伤亡和财产损失。

（七）职业健康安全

职业健康安全管理坚持“预防为主、防治结合”的方针，实行分级管理、逐级负责、综合治理，主要包括制度规程、作业要求、安全保障、应急检查、档案管理、保护措施、职业禁忌、安全投入、报备监测等方面内容。

1. 职业病危害防治制度和操作规程

（1）职业病危害防治责任制度；

（2）职业病危害告知制度；

（3）职业健康宣传教育培训制度；

（4）职业病危害防护设施维护检修制度；

（5）劳动防护用品管理制度；

（6）职业病危害日常监测管理制度；

（7）职业健康监护档案管理制度；

（8）岗位职业健康操作规程；

（9）法律、法规、规章等规定的其他职业危害防治制度。

2. 职业病危害作业场所要求

（1）生产布局合理，有害作业与无害作业分开；

（2）作业场所与生活场所分开，作业场所不得住人；

（3）有与职业危害防治工作相适应的有效防护设施；

（4）职业病危害因素的强度或者浓度符合国家标准、行业标准；

（5）法律、法规、规章和国家标准、行业标准的其他规定。

3. 职业健康保障

（1）企业为从业人员提供符合国家、行业标准的职业危害防护用品，并督促、教育、指导从业人员正确佩戴、使用。

（2）对拟从事接触职业病危害作业的新录用人员和拟从事有特殊健康要求作业的从业人员，按照国家有关规定组织岗前检查。

（3）对接触职业病危害因素从业人员，定期安排在岗期间的职业健康体检。

（4）对从事职业病危害作业或者岗位的从业人员离岗 30 日前，组织进行离岗职业健康检查；未进行离岗职业健康检查的从业人员，不得解除或终止劳动合同。

4. 职业健康应急检查

（1）接触职业病危害因素的从业人员在生产过程中出现与接触职业病危害因素相关的不适症状；

（2）从业人员受到急性职业中毒危害或出现职业中毒症状的。

5. 职业健康监护档案管理

（1）从业人员姓名、性别、年龄、籍贯、婚姻、文化程度、嗜好等情况；

（2）从业人员职业史、既往病史和职业病危害接触史；

（3）历次职业健康检查结果及处理情况；

（4）职业病诊疗资料；

（5）需要存入职业健康监护档案的其他有关资料。

6. 职业病安全保护措施

（1）对有职业禁忌的从业人员，调离或者暂时脱离原工作岗位；

（2）对健康损害可能与所从事的职业相关的从业人员，进行妥善安置；

（3）对需要复查的从业人员，按照职业健康检查机构要求的时间安排复查和医学观察；

（4）对疑似患有职业病的从业人员，按照职业健康检查机构的建议安排其进行医学观察或者职业病诊断；

（5）对存在职业病危害的岗位，立即改善劳动条件，完善职业病防护设施，为劳动者配备符合国家标准的职业病危害防护用品。

7. 职业禁忌

（1）不得安排有职业禁忌的从业人员从事禁忌作业；

（2）不得安排未成年人员从事存在职业危害的作业；

（3）不得安排孕期、哺乳期从业人员从事对本人和胎儿、婴儿有害的作业。

8. 职业健康投入

职业危害防护设施应经常性维护、检修和保养，确保其处于正常状态。推广应用新技术、新工艺、新材料、新设备，创造良好的安全健康作业环境。

9. 报备与监测

（1）直属企业应按规定向有关主管部门报备职业危害，并设专人对作业场所职业危害因素进行监测；

（2）对产生严重职业危害的作业岗位，应在醒目位置设置警示标识和警示说明；

（3）使用有毒物品要依法取得职业卫生安全许可证，并配备必要的应急救援器材、设备，制定职业健康事故应急救援预案。

二、粮食作业安全

粮食作业风险集中在出入仓作业、熏蒸作业、清理挂壁、烘干作业四个方面。粮食出仓作业，是事故多发易发环节，容易造成粮堆埋人事故；熏蒸作业容易造成人员中毒窒息事故；清理挂壁容易造成人员高处坠落、物体打击等事故；烘干作业容易引发火灾等事故。

（一）出入仓作业安全

1. 严格落实《粮情检查作业簿》中粮食出入仓安全告知事项。

2. 出仓作业前，将进人孔上锁，对挡粮门（板）进行检查，确认安全后方可作业。

3. 粮食自流期间，人员应在仓外作业，并与挡粮门（板）保持一定安全距离，严禁敲打、撞击挡粮门（板）。

4. 挡粮门（板）拆卸作业时，应优先采用仓外作业方式，粮食流动或出粮口未关闭不得进入仓内作业，严格执行“先关口再进仓、先系绳再操作”。

5. 平整粮面作业时，作业人员应系安全绳，减少人员聚集和逗留，单次作业不得超过3人。

6. 作业过程中，应安排安全专人监护，如发现作业人员违规操作应及时制止。

7. 车辆装卸时，必须停稳并制动，蹬车作业人员必须系安全绳，不得在行驶的车上作业。

8. 出库装车不得超载。

（二）熏蒸作业安全

1. 严格落实熏蒸作业审批程序和操作规程，作业前要制定熏蒸方案，熏蒸负责人及操作人员应具备熏蒸操作资质。

2. 配有正压式空气呼吸器（4 台以上），气瓶内压力保持在 28MPa—30MPa，具有年度检测证书和标识。应配置磷化氢、氮气、氧气浓度检测报警器至少 2 台，且具有年检合格证书。

3. 熏蒸作业人员必须正确佩戴正压式空气呼吸器、PH3 报警仪等安全防护用具，严禁使用过滤式防毒面具。

4. 规范填写《技术应用作业簿》中的常规熏蒸作业记录或磷化氢环流熏蒸作业记录。

5. 熏蒸仓房周围应悬挂明显警示标识和警戒隔离线，严禁人员进入。熏蒸散气时，必须采用仓外开窗和去除密封膜的方式，禁止擅自安排人员入仓开窗揭膜散气。

（三）清理挂壁作业安全

1. 严格执行粮食清理挂壁作业审批，严禁擅自进行处置作业。

2. 粮食出仓前，检查粮面发现有结顶现象，应提前采取处理；出仓中发现粮食挂壁，应先报告作业现场负责人，严禁粮食一出到底。

3. 平房仓、浅圆仓挂壁时，作业人员可利用长杆清除挂壁粮食；较高时使用高空作业车处置；立筒仓挂壁时，通过仓顶吊篮入仓、长杆等措施处置。

4. 清除挂壁粮食时，应从顶部开始，自上而下进行；严禁作业人员站在粮面处置，严禁作业人员在挂壁下方作业。

（四）烘干作业安全

1. 已装粮或正在作业的烘前、烘后仓及烘干机储粮段禁止人员进入。

2. 换热器每月检查、烘干塔每工作 30 天至少清理一次。

3. 烘干塔内无堆放杂物、烘干机周围不存放易燃物质。

4. 结拱处理时禁止人员从下部进入仓内。

5. 烘前、烘后仓及烘干机储粮段检修时必须停止作业、佩戴安全帽、安全带、同时制定措施、落实安全监护人。

三、专项作业安全

企业在进行建仓项目、维修项目等工作中，常常涉及动火、登高、吊装、临时用电等危险作业，容易引发生产安全事故。

（一）动火作业安全

动火作业是指使用电焊、气焊（割）、喷灯、电钻、砂轮等进行的作业。

1. 作业分级

动火作业分为特殊动火、一级动火和二级动火。

（1）特殊动火作业是指在生产运行状态下的危险场所进行的动火作业。

（2）一级动火作业是指除特殊动火作业外，在易燃易爆场所进行的动火作业。

（3）二级动火作业是指除特殊动火作业和一级动火作业以外的其他动火作业。

2. 作业许可

（1）动火作业前应办理动火证，按指定地点适用，不得异地或扩大范围使用。

（2）特殊动火作业、一级动火作业和二级动火作业证均应由企业主要负责人审批。其中特殊动火证和一级动火证有效期不超过 8 小时；二级动火作业证有效期不超过 72 小时。动火证过期应重新办理。

3. 资质审核

动火作业应由具备相应特种作业资质的人员进行操作。

4. 安全要求

（1）焊接作业时要佩戴电焊面罩或有色眼镜，打磨、切割、破碎等作业时要正确佩戴脸部防护面罩。

（2）作业前必须检查电焊机，杜绝焊把线接头（端子）接触不良，造成局部高温起火。

（3）动火作业四周安全距离范围内没有可燃易燃物。

（4）气焊作业时，乙炔气瓶和氧气瓶之间的距离不小于 5 米，气瓶距离动火点不小于 10 米。

（5）在高处动火作业时使用接火盆，并在作业现场下方设立禁区。

（6）六级（含六级）以上大风禁止室外动火作业。

（7）设备动火相邻管路和阀门必须使用盲板隔离。

（二）高处作业安全

高处作业是指在 2 米及以上的高处进行的作业。

1. 作业分级

（1）Ⅰ级高处作业，作业高度在 2 米$\leq h \leq$5 米；

（2）Ⅱ级高处作业，作业高度在 5 米$< h \leq$15 米；

（3）Ⅲ级高处作业，作业高度在 15 米$< h \leq$30 米；

（4）Ⅳ级高处作业，作业高度在 $h >$ 30 米。

2. 作业许可

作业前应由企业主要负责人审批，办理高处作业许可证。

3. 安全要求

（1）2 米以上高处作业应系安全带，安全带悬挂应牢固可靠；

（2）堆放或装卸材料，超过 1.8 米应有防坠落保护装具；

（3）雨、雪、大雾、雷电及风力超过 5 级的天气，禁止室外高处作业；

（4）高处作业下方应设立警示区，警示区安全范围应不小于作业区域面积的 2 倍，警示区应封闭无缺口；

（5）工具设备在高处应使用工具袋或绑扎等防坠落保护措施；

（6）人员在高处移动时应使用保险双钩交替使用；

（7）作业现场禁止向下投掷物品，禁止移动脚手架；

（8）禁止超过 3 人同时攀登仓房爬梯或在平台上逗留。

（三）有限空间作业安全

有限空间作业是指在地上通廊、立筒仓、浅圆仓、高大平房仓、药品库等地上空间，地下仓库、卸粮坑、地下通廊等地下空间，储油罐、锅炉（排烟管道）、烘干塔、消防水塔（水箱）等密闭和半密闭设备进行的作业。

1. 作业许可

有限空间作业应办理作业许可证，需经企业主要负责人审批。

2. 安全要求

（1）进入有限空间作业应落实“先通风、再检测、后作业”，确保作业环境氧气含量在 19.5%—20.9%。

（2）作业现场明确作业负责人、监护人员和作业人员，作业中每 2 小时监测一次氧气浓度，氧含量低于 19.5% 时，应立即停止作业，撤离人员，待对现场通风后，检测合格方可恢复作业。

（3）如必须进入缺氧或有毒的有限空间作业时，作业人员应佩戴空气呼吸器，严禁使用防毒面罩替代，必要时还应系安全绳。

（4）有限空间作业照明灯具及其他用电设备应采用防爆型具。

（5）有限空间作业时，场所外部应设有醒目警示标识，防止人员误入。

（四）临时用电作业安全

临时用电是指因作业场地、用途等特殊需要，在固定电源上所接的非永久性的用电线路和设备组成。

1. 作业许可

临时用电作业应办理作业许可证，需经企业主要负责人审批。

2. 资质审核

临时用电作业应由具备相应特种作业资质的人员进行操作。

3. 安全要求

（1）严禁在具有火灾爆炸危险的场所和设备内使用临时电源。

（2）在开关上接引、拆除临时用电线路时，其上级开关应断电上锁并加挂安全警示标牌。

（3）临时用电应设漏电保护开关和接地保护装置，使用前应检查电气装置和保护设施的可靠性。

（4）临时用电作业许可证使用时间不应超过 15 天，过期后应重新申报许可。

（五）吊装作业安全

吊装作业是指使用吊车、叉车等机械设备吊起工具、器件、材料的作业过程。

1. 作业分级

吊装作业按吊装重物质量大小分为三个级别：

一级吊装作业，重物质量 >100 吨；

二级吊装作业，40 吨≤重物质量≤100 吨；

三级吊装作业，重物质量 <40 吨。

2. 作业许可

吊装作业应办理作业许可证，需经企业主要负责人审批。

3. 资质审核

吊装作业应由具备相应特种作业资质的人员进行操作。

4. 安全要求

（1）一级和二级以上吊装作业应编制作业方案。

（2）作业现场应设置安全警戒标志，并安排专人进行安全监护。

（3）作业前，应对起重机械、吊钩、绳索、安全装置等进行检查，确保其处于安全状态。

（4）起吊前，应进行试吊，试吊中发现问题应将吊物立即放回，排除问题后重新试吊，确认安全后方可正式吊装。

（5）指挥人员应佩戴明显安全标识，并按规定要求进行指挥作业。起重人员应遵守有关规定。

（6）严禁在大雪、暴雨、大雾及六级以上大风天气时作业。

（7）严禁超规定负荷吊装。

第三节　安全培训

安全培训是“五落实五到位”的重要内容，是“人—机—环—管”中最常见、最有效的安全生产管理手段。企业作业人员在作业的过程中，如果不了解作业危险因素、不掌握操作技能、不熟悉应急处置措施等都可能导致事故的发生。通过开展安全教育培训，能够提高从业人员的安全意识、综合素质、应急处置和避险自救能力，是防止产生不安全行为、减少人为失误的重要途径。

一、培训人员范围

根据国家安全生产监督管理总局第 80 号令《生产经营单位安全培训规定》总则第四条规定，应接受安全培训的人员包括：企业主要负责人、安全管理人员、特种作业人员和其他从业人员。

二、培训主要内容

（一）主要负责人

1. 初次培训内容

（1）国家安全生产方针、政策和有关安全生产的法律法规、规章及标准。

（2）安全生产管理基本知识、安全生产技术、安全生产专业知识。

（3）重大危险源管理、重大事故防范、应急管理和救援组织以及事故调查处理的有关规定。

（4）职业危害及其预防措施。

（5）国内外先进的安全生产管理经验。

（6）典型事故和应急救援案例分析。

（7）其他需要培训的内容。

2. 再培训内容

对已经取得上岗资格证书的有关领导，应定期进行再培训，再培训的主要内容是新知识、新技术和新颁布的政策、法规，有关安全生产的法律法规、规章、规程、标准和政策，安全生产的新技术、新知识，安全生产管理经验，典型事故案例。

3. 学时要求

企业主要负责人初次安全培训时间不得少于32学时，每年再培训时间不得少于12学时。

（二）安全管理人

1. 初次培训内容

（1）国家安全生产方针、政策和有关安全生产的法律法规、规章及标准。

（2）安全生产管理、安全生产技术、职业卫生等知识。

（3）伤亡事故统计、报告及职业危害的调查处理方法。

（4）应急管理、应急预案编制以及应急处置的内容和要求。

（5）国内外先进的安全生产管理经验。

（6）典型事故和应急救援案例分析。

（7）其他需要培训的内容。

2. 再培训内容

对已经取得上岗资格证书的有关领导，应定期进行再培训，再培训的主要内容是新知识、新技术和新颁布的政策、法规，有关安全生产的法律法规、规章、规程、标准和政策，安全生产的新技术、新知识，安全生产管理经验，典型事故案例。

3. 学时要求

安全生产管理人员初次安全培训时间不得少于32学时，每年再培训时间不得少于12学时。

（三）特种作业人员

1. 人员范围

特种作业人员一般包括：从事电工作业、焊接与热切割作业、高处作业、制冷与空调作业等可能造成重大危害的人员。

2. 有关要求

（1）特种作业人员必须经专业安全培训并考核合格，取得特种作业证后，方可上岗作业。

（2）应当接受相应的安全技术理论培训和实际操作培训。

（3）特种作业证有效期为6年，每3年复审1次，特殊情况可延长为每6年1次。

（四）其他从业人员

1. 人员范围

其他作业人员的安全培训特别容易被忽视，由于所涉及的人员范围比较广，没有明确的界定，很多企业不理解、不重视，导致疏于对这类人员的安全培训教育。其他从业人员是指除上述三种人员之外的所有从事生产作业活动的人员，包括正式职工、临时工、合同工、劳务工、轮换工、协议工等。

2. 培训要求和重点内容

企业应对从业人员进行三级安全教育培训，可分为企业、部门和班组的安全培训。

（1）企业级安全教育培训是重要内容，培训主体是企业，重点内容包括企业安全风险、安全目标、安全制度、事故案例等。

（2）部门级安全教育培训具有针对性。培训主体是所在部门，重点内容包括本岗位安全风险、岗位安全职责、安全操作、应急常识、典型事故案例等。

（3）班组级安全教育培训的主体是组长、师傅、技术员或安全员，重点内容包括岗位安全操作规程、作业安全风险、应急处置措施、典型事故案例等。

（4）新上岗从业人员，岗前安全培训时间应不少于24学时。

（5）从业人员调整工作岗位后应重新进行新岗位的安全教育培训，并经考试合格后方可上岗作业。

第四节　应急管理

按照“安全第一、预防为主、综合治理”方针，积极构建“以防为主、防抗救相结合”应急管理体系，形成“上下贯通、多方联动、协调有序、运转高效”的应急机制，确保一旦发生事故能够迅速、有效、有序地实施应急救援和处置，保障员工生命安全，减少财产损失，消除不良社会影响。

一、应急预案

（一）综合应急预案

1．总则

应急预案体系分为三个层级，集团公司为第一层级、分（子）公司为第二层级、直属企业为第三层级。各层级预案分别与国家、所在省区市、县预案相衔接（见图1－1）。

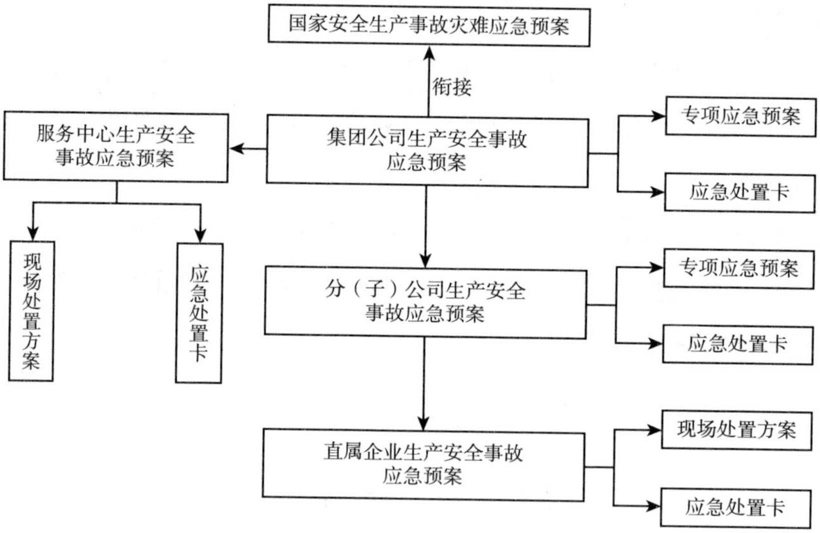

图 1－1　预案体系图

2. 事故风险描述

主要包括：粮库、油库、棉库、办公场所、配电室等部位的火灾风险、溶剂油（正己烷）的其他爆炸和泄漏风险、储粮化学药剂的中毒和窒息风险、生产作业过程中的车辆伤害、触电、粮堆埋人等风险。

3. 应急组织机构与职责

集团公司成立生产安全应急管理领导小组，负责集团公司系统生产安全事故的应急救援指挥工作。各分（子）公司根据辖区生产安全管理工作实际，成立应急管理领导小组。直属企业根据生产安全管理工作实际，成立应急管理领导小组，并根据需要成立有关应急工作组（见图 1－2）。

（1）集团公司应急管理领导小组职责：负责集团公司应急管理组织领导和决策指挥工作；下达预警启动、预警解除、响应启动和响应终止指令，组织指挥响应的应急救援和善后处理工作；指挥事故舆情处置，

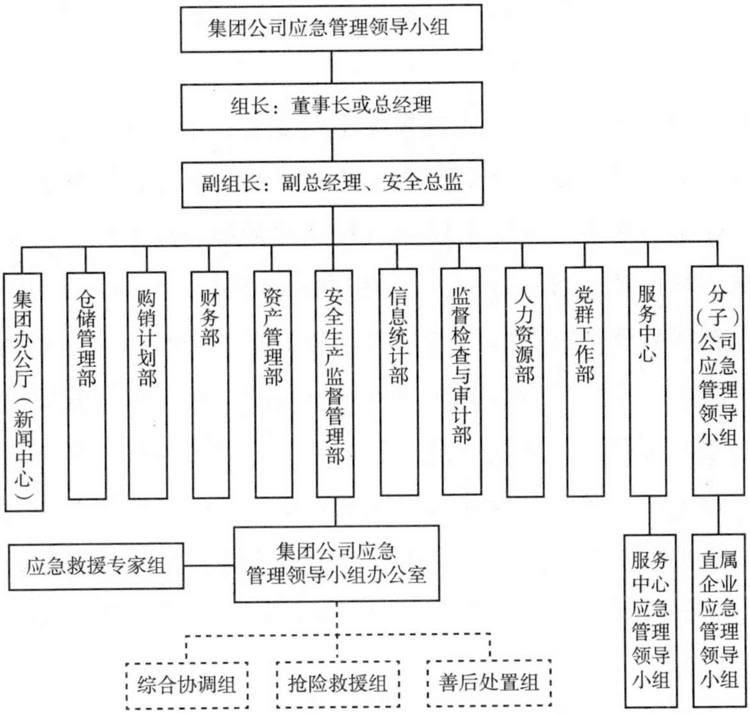

图 1－2　集团公司应急管理领导小组体系

审定对外发布的信息材料；协助国家有关部门开展事故调查和责任认定及处理工作；组织指导全系统应急救援培训和演练工作；及时按规定向上级主管部门报告生产安全事故信息；负责国家有关部门交办的其他事项。

（2）集团公司应急管理领导小组办公室职责：接收事故（灾害）信息，及时向副总经理汇报情况，并跟踪现场救援情况；及时向分（子）公司、直属企业传达应急管理领导小组的工作指令；协调做好事故处置工作；组织指导分（子）公司、直属企业修订应急预案和演练；当集团公司启动预案时，根据组长指令负责拟定应急处置方案，协调应急管理领导小组成员部门履行职责；必要时组建综合协调组、抢险救援组和善后处置组；组织专家组成员发挥参谋作用和提供技术支持；完成应急管理领导小组交办的其他工作。

（3）分（子）公司应急管理领导小组职责：下达预警启动、预警解除、响应启动和响应终止指令，组织指挥响应的应急救援和善后处理工作；组织或协助本辖区突发事故应急救援和善后处理工作，以及舆情应对与处置；当启动本级预案时，根据组长指令负责拟制应急处置方案，协调应急管理领导小组成员部门履行职责；必要时组建综合协调组、抢险救援组和善后处置组；组织或协助上级和国家有关部门开展事故调查和责任认定及处理；规划、建设、落实本辖区应急救援人员、设备等应急物资保障体系，组织抢险应急队伍培训和演练；定期向集团公司报告辖区内安全生产情况，遇有突发事故及时报告集团公司、当地政府和安全监管监察部门等；组织应急管理领导小组成员结合承担的职责，做好应急事务处置。

（4）直属企业应急管理领导小组职责：下达预警启动、预警解除、响应启动和响应终止指令，组织指挥响应的应急救援和善后处理工作；成立抢险应急队伍，设置有关应急工作组，明确职责分工，准备并维护抢险所需物资，开展全员安全生产教育，组织抢险应急队伍培训和演练；加强与相邻单位的联防联动，加强与地方政府和有关单位的沟通与联系，确保遇到事故（灾害）时得到救援力量的保障；发生事故时，及时向上级主管部门和当地政府及安全监管监察部门等报告；协助地方政府和有关部门对事故（灾害）的应急救援，做好善后处理工作；组织直属企业应急管理领导小组成员结合承担的职责，做好应急事务处置。

（5）现场临时指挥部职责：负责现场应急指挥工作，依据指挥权的交接，执行对应应急管理领导小组的指令；收集现场信息，核实现场情况，针对事态发展调整现场应急处置方案，并组织企业抢险应急队伍实施抢险；做好媒体接待，配合政府相关部门做好宣传；服从政府的统一指挥，配合做好现场应急救援工作；负责整合、调配系统内应急资源，及时向集团公司应急管理领导小组办公室报告处置情况；负责事故现场秩序的维护，安抚伤亡人员家属；核实响应终止条件并向应急管理领导小组请示响应终止。

4. 预警

（1）各级应急管理领导小组根据政府有关部门提供的预警信息，经确认后通过内网、电话、文件、短信、微信等方式，及时作出预警。

（2）各级应急管理领导小组在接到可能导致事故（灾害）的预警信息后，要根据事故（灾害）的严重紧急程度，及时启动应急响应，并通知有关部门、单位采取相应行动，减少事故损失。

（3）针对事故（灾害）可能造成的危害和发展态势，直属企业要封闭、隔离或者限制使用有关场所和设施，中止可能扩大危害的行为和活动。

5. 应急响应

（1）信息报告

集团公司设24小时应急值守电话，电话号码为010－68776696，值守人员接受信息报告时应做好记录，并按程序逐级报告（见图1－3），同时按原途径反馈。

（2）信息报告

报告内容：发生单位概况、时间、地点、事故（灾害）现场情况、事故（灾害）经过、人员伤亡、预估直接经济损失、应急处置措施等。

（3）响应分级

分级响应的基本原则：事故（灾害）发生后，事发企业要及时上报

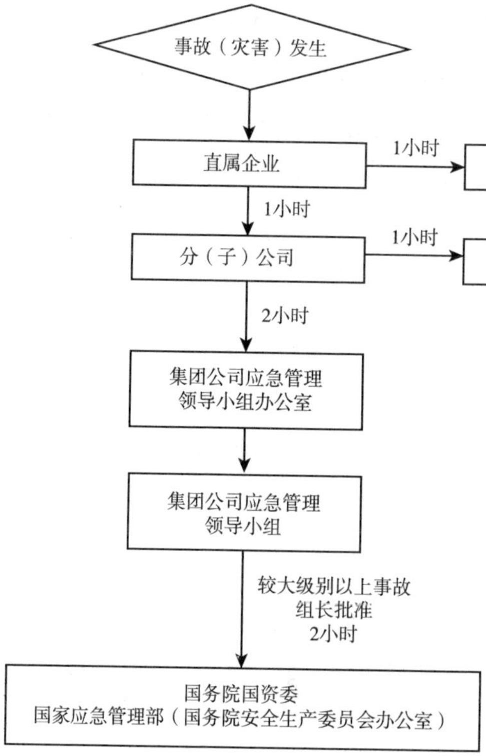

图 1-3　信息上报流程

情况，结合事故（灾害）危害程度、影响范围和单位控制事态的能力，启动应急预案，组织人员开展施救工作。当事故（灾害）发展到事发企业没有能力实施救援或舆情在社会上造成影响时，应提升一个响应级别。

Ⅲ级响应：研判为一般事故的，直属企业应急管理领导小组启动相关应急预案，应急资源调配、应急救援以当地救援力量为主。

Ⅱ级响应：研判为较大事故的，直属企业、分（子）公司应急管理领导小组均启动相关应急预案；根据发展态势，分（子）公司可调配辖区内应急资源，实施应急救援。

Ⅰ级响应：研判为重大事故或特别重大事故的，直属企业、分（子）

公司、集团公司均启动应急响应；根据发展态势，集团公司可调配系统内应急资源，实施应急救援。

（4）响应程序

事故发生后按照响应程序图（见图1－4）实施应急响应。

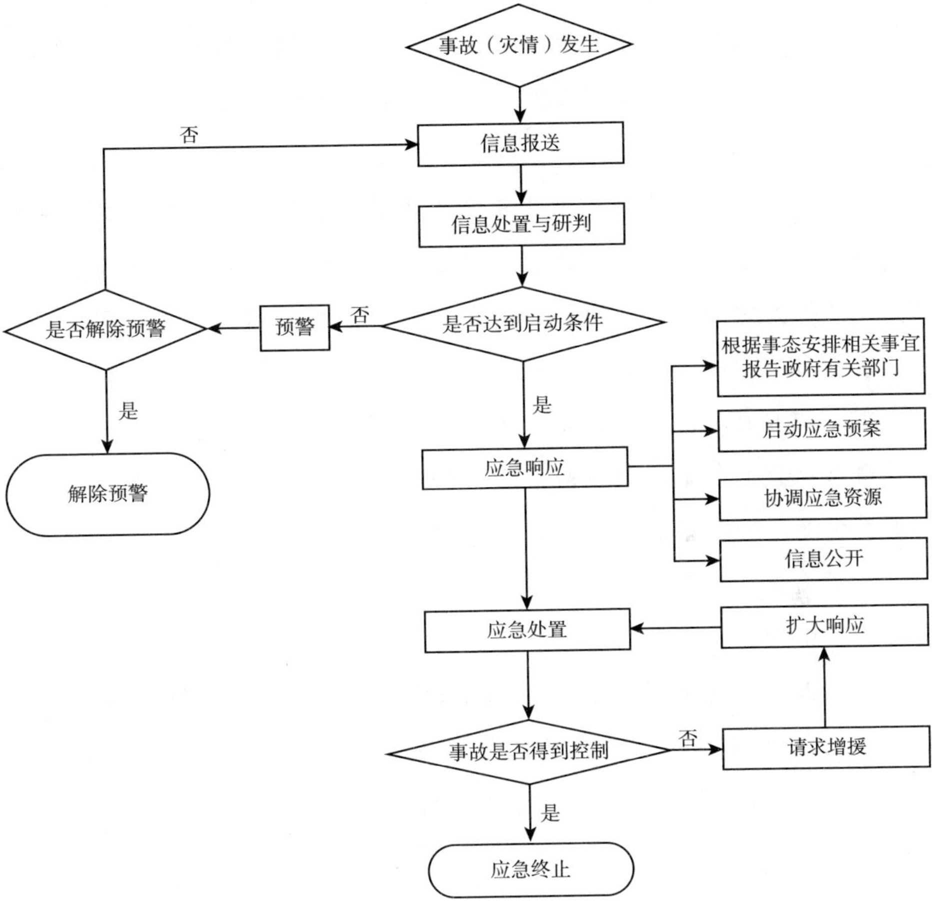

图1－4　响应程序

（5）应急处置

发生生产安全事故后，应立即启动生产安全事故应急救援预案，采取下列一项或者多项应急救援措施，并按有关规定报告事故情况：迅速控制危险源，组织抢救遇险人员；根据事故危害程度，组织现场人员撤离或者采取可能的应急措施后撤离；及时通知可能受到事故影响的单位和人员；采取必要措施，防止事故危害扩大和次生、衍生灾害发生；根据需要请求邻近的应急救援队伍参加救援，并向参加救援的应急救援队伍提供相关技术资料、信息和处置方法；维护事故现场秩序，保护事故现场和相关证据；法律、法规规定的其他应急救援措施。

（6）扩大响应

当事故（灾害）现场演变为重特大事故时，集团公司应急管理领导小组立即向国务院国有资产监督管理委员会、国家应急管理部报告，并做好应急扩大后的处置、协助和配合工作。主要包括：如实向国家有关部门汇报事故（灾害）现场和应急救援的情况；做好有关人员对接和接待（如：政府有关部门、新闻媒体和参与事故应急救援的专业队伍等）；指导事发企业配合做好现场应急救援的后勤补给工作；根据需要，安排部署、调配系统内专业救援力量和资源，参与应急救援；配合做好信息公开的相关准备工作。

（7）响应终止

伤亡人员得到妥善安置、灾害不再扩大时应急响应结束。应急结束后，指导直属企业和分（子）公司及时进行总结，分析事故发生原因，总结经验教训，进一步完善管理措施和应急预案，开展隐患排查整改。

6. 后期处置

集团公司、分（子）公司和直属企业根据响应级别，应分别成立后期恢复处置指挥部和相应的工作组，明确职责和分工，负责对应的后期恢复处置工作（见图 1－5）。

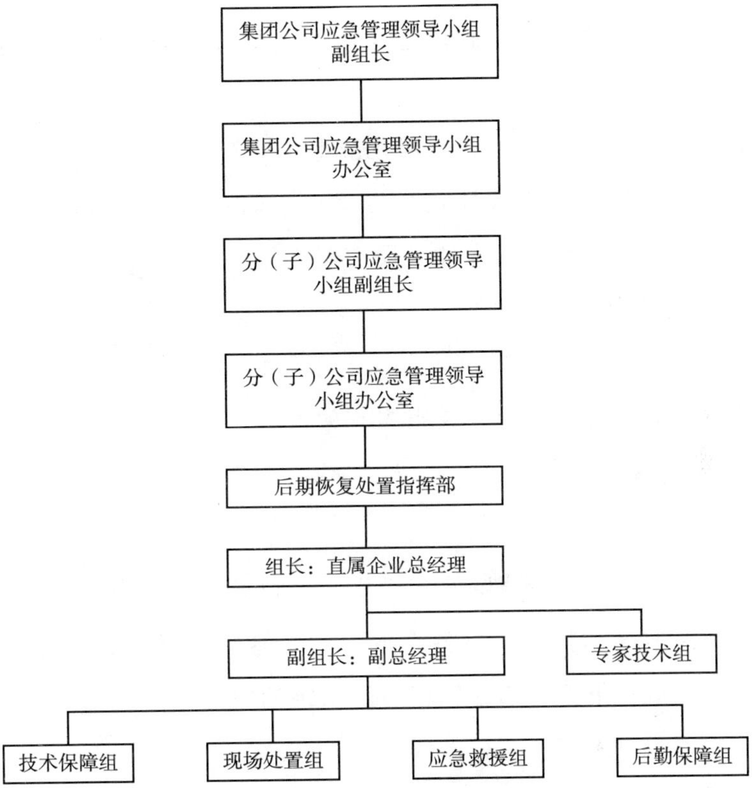

图 1-5 后期恢复处置指挥部体系

（1）火灾、自然灾害后期处置

对由火灾、自然灾害造成的事故，应急结束后要及时组织人员，对受损但仍有使用价值的粮、棉、油及其他物资进行抢救处理，并抓紧清除污染物，及时、足量补充消耗物资。

（2）化学药剂事故后期处置

对储粮化学药剂事故，要确认现场已无有害气体并进行无公害处理，确保不发生二次污染。对消耗物资要及时、足量补充。要组织有关人员进行体检。

（3）作业事故后期处置

对生产作业事故导致基础设施受损的，要及时安排维修改造或重建工作。

（4）事故导致粮食、油料、棉花浸水后期处置

因洪涝灾害或火灾施救导致仓房粮食、棉花浸水，油料污染的，应先鉴定仓房结构是否安全，方能开展清理工作。

（5）溶剂油泄漏后期处置

确保泄露现场各项监测指标在标准范围内，不会引发衍生灾害。对消耗物资要及时、足量补充。要组织有关人员进行体检。

7. 应急保障

（1）通信与信息保障

各级安全生产和应急领导小组负责人及值班人员必须24小时保持通信畅通，确保信息和指挥调度指令的及时传递。可通过内网、电话、文件、短信、微信等形式，通报辖区可能出现的安全生产隐患信息。

（2）应急队伍保障

直属企业要结合实际，成立专职和兼职应急救援队伍，设置综合协调、抢险救援、医疗救护、现场警戒、后勤保障等专业小组，明确职责和分工。其中，抢险救援组人员不少于10人。

直属企业应急救援队伍要加强业务培训和演练，开展对外交流与合作，逐步提高应急队伍技能、装备水平和人员素质。

（3）物资装备保障

根据各专项预案应急处置的需求，建立健全应急救援物资储备体系。分（子）公司建立辖区内应急救援物资统筹调度、相互支援的机制。直属企业应急物资清单要逐级报分（子）公司、集团公司备案。有报废和新增的，及时更新报备。

（4）其他保障

各级应急领导小组年初要编制本年度安全生产经费预算，确保满足应急管理工作经费的需要，并做到专款专用。事发后，应急处置的费用应计入直属企业生产成本。建立与社会应急救援机构的联动机制。签订互助协议，在自身救援力量不足时，做到能够及时利用社会应急资源（直属企业要将当地应急机构和协议救援单位名单作为预案附件）。

8. 预案管理

（1）预案培训

采取多种形式开展应急预案的宣传教育。各级应急机构通过各种方式，对员工广泛宣传应急法律法规和应急知识，并着重对专项应急预案进行培训。制定预案培训计划，定期组织综合性培训，使企业员工了解相关应急预案内容，熟悉应急职责、应急程序和现场处置方案。

（2）应急预案演练

集团公司、各分（子）公司、直属企业应急管理领导小组办公室负责制定本单位的应急预案演练计划，综合应急预案或专项应急预案每年至少演练一次，岗位现场处置方案每半年至少演练一次。集团公司、分（子）公司应急管理领导小组办公室应定期组织系统安全骨干开展应急救援技能培训。直属企业要针对高发频发事故开展专项演练，并做好总结和演练评估。

（3）应急预案修订

有下列情形之一的，各级单位生产安全事故应急预案应当及时修订相关预案，并组织专家进行评审，形成书面评审纪要：制定预案所依据的法律、法规、规章、标准发生重大变化；应急指挥机构及其职责发生调整；安全生产面临的风险发生重大变化；重要应急资源发生重大变化；在预案演练或者应急救援中发现需要修订预案的重大问题；其他应当修订的情形。

（4）应急预案备案

各级单位应当在应急预案公布之日起20个工作日内，按照分级属地原则，向安全生产监督管理部门和有关部门进行告知性备案。

（5）应急预案实施

预案由集团公司组织制定，并负责解释和组织实施，自发布之日起实施。

（二）专项应急预案

1. 火灾事故专项应急预案

（1）适用范围

本预案适用于需集团公司指挥处置的火灾事故。

（2）应急组织机构及职责

参见综合应急预案应急组织机构及职责。

（3）处置措施

①事故风险

直属企业的柴油临时储存处、配电室、棉垛、油脂加工车间、溶剂油储存处、各类仓库等以及各级单位办公场所，因电气线路过载或老化、违规用火、雷击等因素，可能引发火灾事故，造成人员伤亡、财产损失，甚至产生社会负面影响。

②响应程序

参见综合应急预案响应程序。

③处置措施

A. 接到分（子）公司、直属企业火灾事故信息后，立即报告领导，由应急管理领导小组组长视情况组织召开紧急会议，按照事故等级启动相应的应急预案；

B. 联系专家组成员，参与紧急会议；

C. 了解现场事故信息，拟派人员赶赴现场指挥处置；

D. 按照信息上报相关要求及时向国家有关部门报告事故信息；

E. 下达应急指令，要求事发单位做好以下工作：

a. 依据火灾类型和建筑特点、地形地貌、风向、天气等因素，制定火灾扑救方案，根据现场的变化及时调整方案，控制着火情；及时拨打119请求救援。

b. 按照信息上报相关要求做好事故信息报告。

c. 采取隔离和疏散措施，避免无关人员进入事故发生区域，并合理布置消防和救援力量，做好救援人员的个人防护。

d. 迅速将受伤、中毒人员送往医院抢救。

e. 当火情失控，危及灭火人员生命安全时，应立即指挥现场全部人员撤离至安全区域。

2. 防汛专项应急预案

（1）适用范围

本预案适用于集团公司指挥处置的防汛事件。

（2）应急组织机构及职责

参见综合应急预案应急组织机构及职责。

（3）处置措施

①灾害风险

部分直属企业临海、地势低洼，极易发生洪涝灾害。一旦发生灾害，抢险时间短、难度大，可能造成巨大损失，甚至引发次生灾害。

②响应程序

参见综合应急预案响应程序。

③处置措施

A. 接到分（子）公司、直属企业灾害信息后，立即报告领导，由应急管理领导小组组长视情况组织召开紧急会议，依据灾害级别启动相应的应急预案；

B. 联系专家组成员，参与紧急会议；

C. 了解现场灾害信息，拟派人员赶赴现场指挥处置；

D. 按照信息上报相关要求及时向国家有关部门报告事故信息；

E. 下达应急指令，要求相关企业做好以下工作：

a. 按照信息上报相关要求做好灾害信息报告。

b. 启动相应预案并提出紧急处置措施。直属企业应急管理领导小组负责人应迅速上岗到位，分析事件的性质，预测事态发展趋势和可能造成的危害程度，并按规定的处置程序，组织指挥各抢险小组按照职责分工，迅速采取处置措施，控制事态发展。

c. 直属企业应急管理领导小组应迅速调集本单位的资源和力量，组织全库人员，迅速开展现场处置或救援工作，必要时要请求当地抢险部门协助救援。

d. 处置洪水灾害和重大险情时，直属企业的应急管理领导小组应根据事件的性质，迅速对事件进行监控、追踪，并与地方政府和相关部门联系。

e. 分（子）公司应派出工作组赶赴现场指导工作，必要时成立前线应急指挥部，应按照职能分工，由现场应急指挥部统一指挥，各抢险队伍应各司其职，团结协作，快速反应，高效处置，最大限度地减少损失。

f. 出现洪水灾害后，直属企业安全生产领导小组可根据事件的性质和危害程度，报经当地政府批准，对重点地区和重点部位实施紧急控制，防止事态及其危害的进一步扩大。

3. 生产作业事故专项应急预案

（1）适用范围

本预案适用于集团公司指挥处置的生产作业事故。

（2）应急组织机构及职责

参见综合应急预案应急组织机构及职责。

（3）处置措施

①事故风险

各直属企业库存量较大，出入库作业频繁，极易发生生产作业事故。一旦发生事故，人身伤亡的几率较大，会导致企业重大经济损失，甚至可能带来负面影响。

②响应程序

参见综合应急预案响应程序。

③处置措施

A. 接到分（子）公司、直属企业事故信息后，立即报告领导，由应急管理领导小组组长视情况组织召开紧急会议，依据事故风险等级启动相应的应急预案；

B. 联系专家组成员，参与紧急会议；

C. 了解现场事故信息，拟派人员赶赴现场指挥处置；

D. 按照信息上报相关要求及时向国家有关部门报告事故信息；

E. 下达应急指令，要求相关企业做好以下工作：

a. 迅速隔离事故现场，抢救伤亡人员，撤离无关人员及群众，加强警戒；

b. 迅速收集现场信息，核实现场情况，组织制定现场处置方案：

一是发生设施设备、露天堆垛坍塌时，现场负责人应立即组织人员维持秩序并对事故现场进行隔离，有人员被掩埋的要立即组织开展有效抢救。

二是发生火灾时，按火灾应急预案处置。

三是发生烘干塔闷塔等事故时，要立即切断总电源，现场负责人要立即组织作业人员撤离现场。

四是发生生产作业操作中人员高空跌落、设备伤害、被粮食掩埋、中毒、触电、窒息等事故时，现场负责人应立即组织人员采取必要安全措施进行现场抢救。

五是发生有毒有害气体泄漏时，按照储粮化学药剂事故专项预案处置。

六是发生粉尘爆炸事故，应立即向值班负责人报告，现场负责人要立即组织人员疏散，要组织对受伤人员进行抢救并保护现场，同时向消防部门求援。

c. 协调现场内部和外部应急资源，统一组织抢险救援工作；

d. 根据现场的变化及时调整方案；

e. 协同地方消防、医疗等单位实施人员疏散和医疗救助；

f. 及时向分（子）公司应急管理领导小组办公室汇报并落实指令。

4. 储粮化学药剂事故专项应急预案

（1）适用范围

本预案适用于集团公司指挥处置的储粮化学药剂事故。

（2）应急指挥机构及职责

参见综合应急预案应急指挥机构及职责。

（3）处置措施

①事故风险

采用化学药剂进行熏蒸杀虫、空仓及器材清消均使用化学药剂，加上在熏蒸期药品库非零库存，在操作不规范或管理缺失的情况下，极易发生储粮化学药剂事故。一旦发生事故，可能危及现场人员的生命安全，同时还可能导致火灾、燃爆等风险，并会对环境造成污染。

②响应程序

参见综合应急预案响应程序。

③处置措施

A. 接到分（子）公司、直属企业事故信息后，立即报告领导，由应急管理领导小组组长视情况组织召开紧急会议，依据事故风险等级启动相应的应急预案；

B. 联系专家组成员，参与紧急会议；

C. 了解现场事故信息，拟派人员赶赴现场指挥处置；

D. 按照信息上报相关要求及时向国家有关部门报告事故信息；

E. 下达应急指令，要求相关企业做好以下工作：

a. 迅速隔离事故现场，抢救伤亡人员，撤离无关人员及群众，加强警戒；

b. 迅速收集现场信息，核实现场情况，组织制定现场处置方案并负责实施；

c. 协调现场内部和外部应急资源，统一组织抢险救援工作；

d. 制定处置方案：

一是发生药剂泄漏轻微事故，应立即组织现场人员在采取保护措施的前提下进行有效处置。

二是发生中毒、火灾、爆炸或重度泄漏事故，现场人员无法处理和控制的，要组织非抢险人员疏散，现场有人员中毒的要立即组织营救，并组织人员快速设立警戒隔离区。无法确保人员安全时，及时请求防爆防化队支援。

三是发生药剂丢失事故，立即组织人员查找，并及时向公安部门报案。

四是发生火灾、水灾等灾害危及库内化学药剂的情况，要将药剂转移到安全地方存放，并指派专人看守。

五是根据现场的变化及时调整方案。

e. 协同地方消防、医疗等单位实施人员疏散和医疗救助；

f. 跟踪相关部门监测结果，确认有无环境污染情况；

g. 及时向分（子）公司应急管理领导小组办公室汇报并落实指令。

5. 溶剂油泄漏事故专项应急预案

（1）适用范围

本预案适用于集团公司指挥处置的溶剂油泄漏事故。

（2）应急指挥机构及职责

参见综合应急预案应急指挥机构及职责。

（3）处置措施

①事故风险

直属企业油脂加工车间生产环节涉及溶剂油（食用植物油的提取剂——正己烷）的使用。溶剂油具有低毒性，闪点低，极易燃，其蒸气与空气可形成爆炸性混合物，遇明火、高热极易燃烧爆炸；与氧化剂接触发生强烈反应，甚至引起燃烧；在火场中，受热的容器有爆炸危险；其蒸气比空气重，能在较低处扩散到相当远的地方，遇明火会引着回燃。

②响应程序

参见综合应急预案响应程序。

③处置措施

A. 接到分（子）公司、直属企业事故信息后，立即报告领导，由应急管理领导小组组长视情况组织召开紧急会议，依据事故等级启动相应的应急预案；

B. 联系专家组成员，参与紧急会议；

C. 了解现场事故信息，拟派人员赶赴现场指挥处置；

D. 按照信息上报相关要求及时向国家有关部门报告事故信息；

E. 下达应急指令，要求相关企业做好以下工作：

a. 迅速撤离泄漏污染区人员至安全区，并进行隔离，严格限制出入；

b. 协调现场内部和外部应急资源，统一组织抢险救援工作；

c. 制定处置方案，立即切断火源；应急处置人员戴自给正压式空气呼吸器，穿防静电工作服；防止流入下水道、排洪沟等限制性空间。

小量泄漏：用砂土、蛭石或其他惰性材料吸收。

大量泄漏：构筑围堤或挖坑收容；用泡沫覆盖，降低蒸气灾害；用防爆泵转移至槽车或专用收集器内，回收或运至废物处理场所处置。

d. 协同地方消防、医疗等单位实施人员疏散和医疗救助；

e. 跟踪相关部门监测结果，确认有无环境污染情况；

f. 及时向分（子）公司应急管理领导小组汇报并落实指令。

二、应急演练

（一）演练类型

按组织形式分为桌面演练和实战演练，桌面演练利用图纸、沙盘等方式，依据应急预案进行推演；实战演练选定实际场地，使用器材、装备和物资等模拟真实应急过程。按规模组成分为综合演练和专项演练，专项演练针对特定的事故类型开展演练活动，检验单一部门人员的应急处置能力；综合演练针对涉及多个部门和单位，较大范围的应急演练活动，检验协同配合的综合应急处置能力。

（二）演练内容

主要包括：事故报告、现场指挥、应急通信、事故监测、警戒管制、应急疏散、医疗救助、现场处置、对外沟通、善后处置等内容。

（三）演练组织与实施

1. 策划演练应事先明确演练目的、类型、时间、地点、内容、人员和经费等，并成立相应组织机构负责演练各项工作。

2. 编制演练文件主要包括：工作方案、演练脚本、观摩手册、后勤保障等。

3. 演练应明确各参演单位和人员任务分工，正式演练前应组织预演，熟悉演练各个过程。

4. 演练实施后，如遇特殊状况，应由总指挥中止演练，确保人员安全。

5. 演练结束后应组织专家对演练进行评估，总结存在的问题，并对今后的应急管理工作（包括应急预案）提出持续改进意见建议。

三、事故处置

1. 生产安全事故分级

（1）特别重大事故，是指造成30人以上死亡，或者100人以上重伤（包括急性工业中毒，下同），或者1亿元以上直接经济损失的事故。

（2）重大事故，是指造成10人以上30人以下死亡，或者50人以上100人以下重伤，或者5000万元以上1亿元以下直接经济损失的事故。

（3）较大事故，是指造成3人以上10人以下死亡，或者10人以上50人以下重伤，或者1000万元以上5000万元以下直接经济损失的事故。

（4）一般事故，是指造成3人以下死亡，或者10人以下重伤，或者1000万元以下直接经济损失的事故。根据中储粮企业安全生产运行实际，一般事故分为A级、B级、C级三级。

A级，是指造成3人以下死亡，或者3人以上10人以下重伤，或者100万元以上1000万元以下直接经济损失的事故。

B级，是指无人员死亡，造成3人以下重伤，或者50万元以上100万元以下直接经济损失的事故。

C级，是指无人员死亡和重伤，造成50万元以下直接经济损失的事故。

“以上”包括本数，“以下”不包括本数。

2. 事故报告流程

凡发生事故，现场有关人员应当立即向本单位负责人报告，事发单位应立即向上一级单位报告，并应在1小时内报告集团公司安委会办公室。

凡发生人员死亡和火灾事故的，事发单位应按规定向当地县级及以上人民政府负有安全生产监督管理职责的部门报告。

事故造成的伤亡人数或损失出现新的情况，事发单位应在2小时内逐级向集团公司安委会办公室补报。

3. 事故报告内容

电话报告事故后，事发单位应在12小时内将下列内容以短信、传真、邮件等方式逐级报送至集团公司安委会办公室。

（1）事故发生的时间、地点以及事故现场情况。

（2）事故的简要经过。

（3）事故已经造成或者可能造成的伤亡人数（包括下落不明的人数）和初步估计的直接经济损失。

（4）已经采取的措施。

4. 事发现场保护

事发单位和人员应当妥善保护事故现场以及相关证据，任何单位和个人不得破坏事故现场、毁灭相关证据。因抢救人员、防止事故扩大以及疏通交通等原因，需要移动事故现场物件的，应当作出标志，绘制现场简图并作出书面记录，妥善保存现场重要痕迹、物证。

5. 事故后期处理

事发单位应配合有关部门开展事故调查、处置和善后工作。事故调查的有关资料应当归档保存，并在事故调查和认定结束后 3 个工作日内，向集团公司安委会办公室报送下列事故处理材料。

（1）政府相关部门事故调查报告和责任认定书。

（2）分（子）公司对事故责任人的处理意见。

（3）事故赔偿说明书及相关赔偿凭据。

（4）事故照片、录音或录像等相关材料。

第二章

安全隐患识别

第一节　出入仓作业隐患识别

漫画 2－1：

情景描述： 移动输送机过程中未提前选定平整、无斜坡路面。

安全风险： 设备损坏，人员物体打击。

安全提示： 移动输送机等机械设备前，要选定平整、无斜坡路面，防止设备倾倒。

漫画 2－2：

情景描述： 皮带输送机移动方式不正确，移动皮带输送机时下方违规站人。

安全风险： 人员机械伤害。

安全提示： 1. 移动设备上下坡时，需采用拖车方式，以防设备失控。

2. 设备移动过程中，严禁设备前方、下方站人。

3. 输送机移动前应放低重心，行进方向上方不能有高压线。

漫画 2－3：

情景描述： 人在输送机传送带上行走或登高。

安全风险： 人员高处坠落。

安全提示： 1. 严禁攀爬输送机，严禁在输送带上行走、站人。

2. 输送机放置作业区域后，应固定移动轮，以免作业时发生移动或倾倒；应设置临时通道，避免人员在输送机下方穿行。

漫画 2－4：

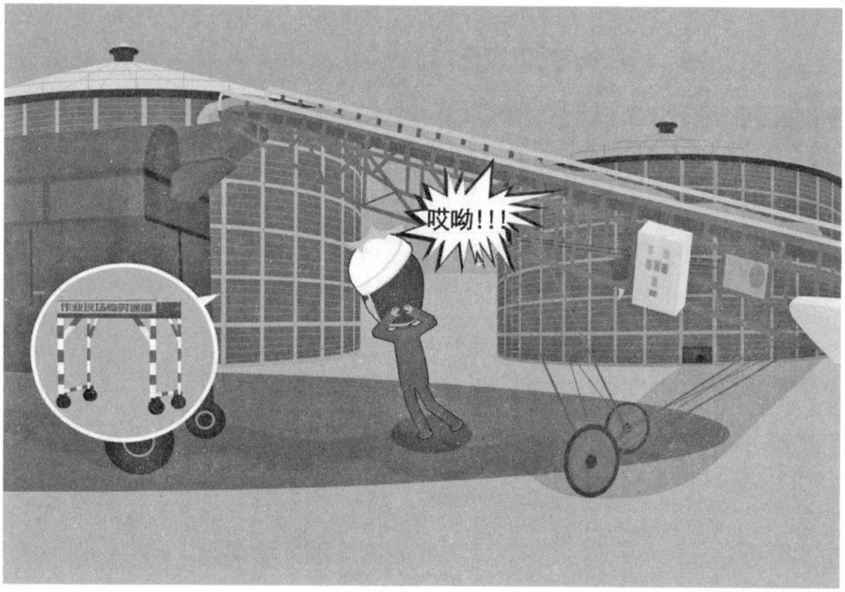

情景描述：作业人员在输送机下方随意穿行。

安全风险：人员机械伤害。

安全提示：1. 输送机应设有“严禁人员穿行”等安全警示标识。

2. 作业前应在输送机下方设置可移动的安全通道，以便作业人员通行。

漫画 2－5：

情景描述： 人员与绞龙机距离过近；绞龙机转动部位无防护罩。

安全风险： 人员机械伤害。

安全提示： 1. 机械设备转动部位应安装防护罩。

2. 作业人员与机械设备转动部位应保持足够的安全距离。

3. 作业现场应有安全监护人员。

漫画 2－6：

情景描述： 作业环境中粉尘、噪声超过安全限度。

安全风险： 人员职业病危害。

安全提示： 1. 在粉尘清扫过程中，必须佩戴合适有效的安全防护用具（防尘口罩和耳塞）。

2. 当灰尘较多时，应采取真空清扫、负压、湿式作业等措施，防止粉尘飞扬及二次扬尘。

3. 严禁使用压缩空气吹扫方式清除积尘。

4. 清理浅圆仓、立筒仓前，作业人员应检查并确认通风换气系统运转正常，并在运行 10 分钟后清扫。

漫画 2 –7：

情景描述： 出粮作业时挡粮门（板）接缝处开焊。

安全风险： 粮堆埋人。

安全提示： 1. 粮食出仓自流时，人员应在仓外作业，并按出仓作业规范与挡粮门（板）保持合理距离。

2. 作业前将进入孔上锁，对挡粮门（板）进行检查，对螺丝、螺杆进行紧固，存在变形、开焊等安全隐患的不得开启。

3. 严禁重力敲打、撞击挡粮门（板）。

漫画 2-8：

情景描述： 人员入仓拆除挡粮板，未系安全绳（带）、未关闭出粮口。

安全风险： 粮堆埋人。

安全提示： 1. 拆卸挡粮板时，应优先采用仓外作业方式。

2. 作业前应先关闭挡粮门上出粮口闸门，在粮面稳定的前提下，逐一拆除粮面以上的挡粮板。

3. 作业人员必须系安全绳（带），系安全绳（带）的方式、长短、牢固程度等必须有效。

4. 作业过程中，应安排专人监护，如发现粮面流动，作业人员应立即停止作业并迅速撤离至安全地点。

漫画 2－9：

情景描述： 平整粮面作业时挡粮门（板）上方聚集人员过多。

安全风险： 粮堆埋人。

安全提示： 1. 应在挡粮门（板）上方 2 米以内粮面区域设置警戒线。

2. 在设置警戒线区域内作业时，应减少人员聚集和逗留，单次作业人员不得超过 3 人，且必须按要求正确佩戴安全绳（带）。

漫画 2－10：

情景描述： 出粮口不对称出粮。

安全风险： 粮仓偏载、倒塌。

安全提示： 1. 有多个出粮口的粮仓，应均匀出粮，若有个别出粮口堵塞，可先从未堵塞的出粮口出粮，严防不对称出粮。

2. 罩棚围包散存出粮时，拆包与出粮同步，严禁出完粮食再拆挡粮墙。

漫画 2－11：

情景描述： 在筒仓、烘前仓、烘后仓等作业时，人员擅自进入仓内。

安全风险： 粮堆埋人和窒息。

安全提示： 1. 严禁人员进入正在作业的烘前仓、烘后仓。

2. 特殊情况下必须进入的，应先停止作业，进入前检测氧气浓度，正确佩戴安全绳、空气呼吸器等防护用品，并在人员监护下，方可进入。

漫画 2 – 12：

情景描述： 作业人员在粮食挂壁下方清理挂壁粮食。

安全风险： 人员被掉落的粮食砸伤或掩埋。

安全提示： 1. 平房仓、浅圆仓挂壁时，作业人员可利用长杆清除粮食；较高时使用高空作业车处置；立筒仓挂壁时，通过仓顶吊篮入仓利用长杆等措施处置。

2. 清除挂壁粮食时，应从挂壁粮食的顶部开始，自上而下进行；严禁作业人员处于挂壁下方作业，以防挂壁坍塌砸伤或掩埋作业人员。

漫画 2－13：

情景描述： 出入库车辆超高、超载、偏载，且在库区超速行驶，不按规定标志行驶、停放。

安全风险： 车辆偏载、倾覆；车辆伤害。

安全提示： 1. 出入车辆严禁超高、超载、偏载。

2. 作业车辆在库区道路行驶限速 10 千米/时，上下地磅、生产作业区行驶、倒车限速 5 千米/时。

3. 储棉库房除装卸设备外，严禁机动车辆进入。

漫画 2－14：

情景描述：车辆行驶过程中，人员在车顶平整粮面。

安全风险：人员高处坠落。

安全提示：1. 车辆装卸作业时必须停稳并制动，车上装卸作业人员必须系安全带，不得在行驶的车上作业。

2. 卸粮时，严禁卸粮坑、车辆及液压翻板上站人。

第二节　消防安全隐患识别

漫画 2－15：

情景描述： 外来人员欲将烟火带入库区。

安全风险： 火灾。

安全提示： 1. 门卫室应配置金属探测仪，严格收缴火种登记。

2. 仓储区、储油罐区、加工厂等危险区域有明显的禁烟禁火标识。

漫画 2－16：

情景描述： 车辆进入库区未安装防火罩。

安全风险： 火灾。

安全提示： 进入生产作业区域的机动车辆，应安装防火罩。

漫画 2－17：

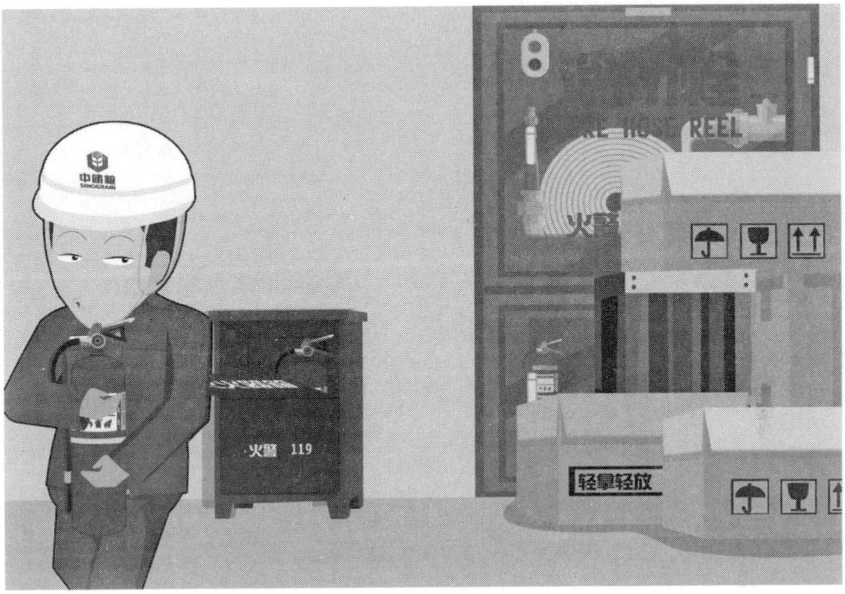

情景描述： 消防箱内或周围有其他物资，机电设备周围有易燃物资；人员擅自随意取用灭火器。

安全风险： 火灾。

安全提示： 1. 库区消防器材应无破损、无挪用、无缺失。

2. 消防栓设立醒目标识，附近设立消防箱，配有至少 2 盘消防水带、水枪和开关阀门扳手。

3. 消防箱内及周边不得放置其他物资，且周围留有足够的防火间距。

漫画 2－18：

情景描述： 作业现场消防通道被堵塞，且现场未放置灭火器材。

安全风险： 火灾。

安全提示： 1. 作业现场消防通道应保持畅通，严禁占用、堵塞。

2. 作业现场应放置消防器材，且确保消防栓、灭火器、水带完好有效。

3. 作业现场应有安全监管人员，遇有突发情况应立即报警，并指挥组织救援人员进行及时处置。

漫画 2－19：

情景描述： 棉花堆码作业时，棉包随意摆放，占用消防通道。

安全风险： 火灾。

安全提示： 1. 仓内主安全通道宽度不得小于 3.6 米；棉垛与墙、柱间距不得小于 0.5 米，与垛间距不得小于 2 米，与顶间距不得小于 1 米。

2. 库区应设置环形消防车道，保持消防通道畅通，严禁堵塞、占用消防通道和安全出口。

3. 储备棉未经批准严禁露天存放。

漫画 2－20：

情景描述： 消防栓锈蚀无法开启。

安全风险： 火灾。

安全提示： 1. 应定期维护、保养消防设施，确保始终处于正常状态。

2. 应定期开展消防演练，提升应急处置能力。

漫画 2－21：

情景描述： 烘干作业后随意倾倒煤渣，且周围堆放易燃物品，无安全警示标志、无消防设施设备。

安全风险： 火灾。

安全提示： 1. 烘干塔周围应设置安全警示标志，严禁无关人员进入现场。

2. 烘干作业期间，严禁人员进入烘前仓和烘后仓。

3. 烘干作业现场应配备消防设备器材，周围严禁堆放各类易燃品。

漫画 2－22：

情景描述： 进入浸出车间未按要求穿戴防护用品。

安全风险： 火灾、爆炸。

安全提示： 1. 进入浸出车间收缴火种、电子设备、非防爆工具，浸出车间、溶剂库区域严禁使用铁质等工具。

2. 人员应按要求穿戴防静电工作服，严禁穿化纤衣服和带铁钉的鞋。

3. 进入浸出车间前人员应消除自身静电。

漫画 2－23：

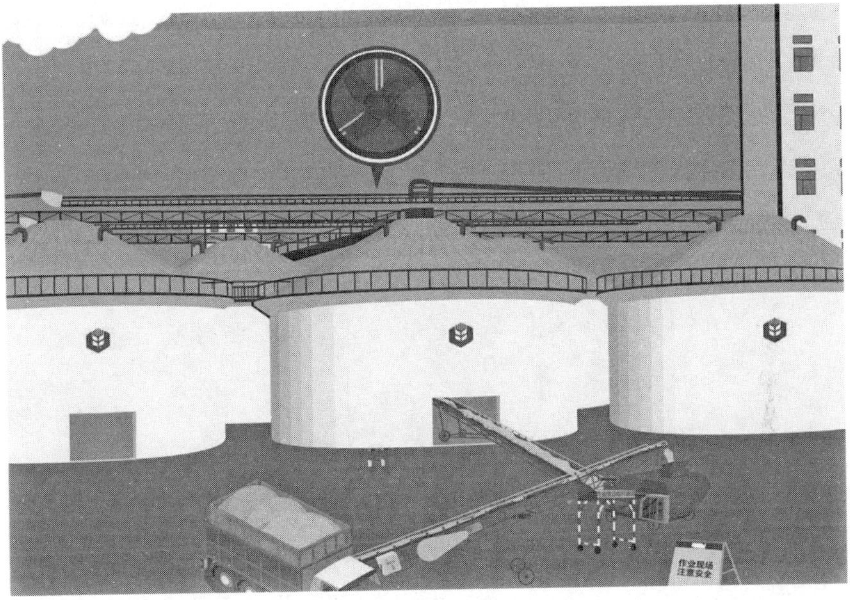

情景描述： 浅圆仓作业时未开启轴流风机，导致仓内粉尘浓度集聚升高。

安全风险： 粉尘爆炸。

安全提示： 1. 作业时应减少粉尘形成，提前开启除尘器和风机。

2. 粉尘防爆区域应采用防爆型电气设备。

漫画 2－24：

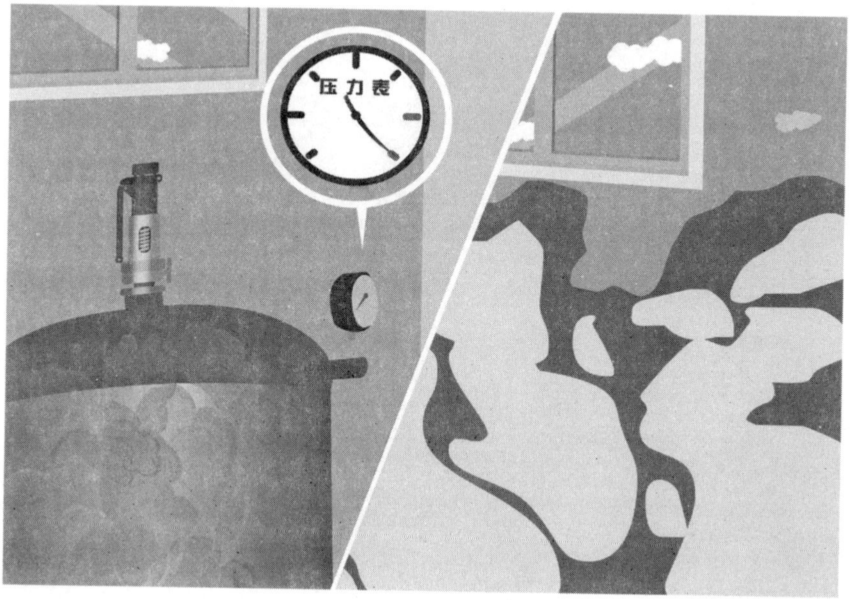

情景描述： 储气罐安全阀动作机构失灵。

安全风险： 容器爆炸。

安全提示： 1. 安全阀、压力表等设备应定期进行检测，确保正常使用。

2. 设备房内应安装火灾自动报警装置。

漫画 2 –25：

情景描述： 棉花装卸作业时作业人员违规操作。

安全风险： 火灾。

安全提示： 1. 叉车、牵引车等机械设备作业应当严格遵守操作规程，严禁超速行驶，严禁超高、超重装载。

2. 叉车抱夹底端距地高度应保持 30—40 厘米，门架须后倾，杜绝棉包、抱夹与地面和金属设备间摩擦。

漫画 2－26：

情景描述：在库区周围有农户焚烧秸秆。

安全风险：火灾。

安全提示：严禁在库区周边焚烧秸秆等。

漫画 2－27：

情景描述： 不正确使用热风炉。

安全风险： 火灾、人员中毒。

安全提示： 1. 严禁长时间超负荷使用热风炉，以免烧坏换热器引发火灾。

2. 保持休息室内空气畅通，防止造成煤气中毒。

漫画 2－28：

情景描述： 消防中控室值班人员无证上岗，值班记录不完整，不能反映值班情况及消防控制系统运行情况；消防报警电话故障。

安全风险： 火灾。

安全提示： 1. 消防监控室应 24 小时值班，值班人员持证上岗，做好详细的值班记录。

2. 消防监控系统应定期测试，确保性能可靠。

3. 消防监控室应配备专用电话。

第三节 用电安全隐患识别

漫画 2－29：

情景描述： 电气线路私拉乱接，线路装置未设置接地接零保护，未使用漏电保护装置。

安全风险： 火灾、人员触电。

安全提示： 1. 电气线路严禁私拉乱接。

2. 配电箱内应安装漏电保护装置，线路穿管、接地要保持正常。

3. 电源管理必须由专业电工负责，定期检查维护，严禁超负荷运转和带故障作业。

漫画 2－30：

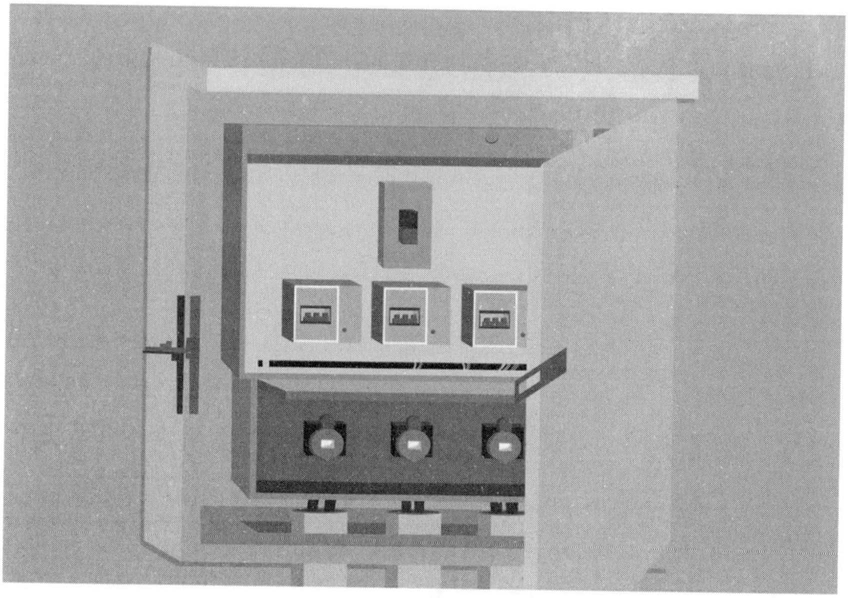

情景描述： 室外配电箱未上锁，配电箱体缺少跨接线路。

安全风险： 人员触电。

安全提示： 1. 配电箱实行上锁、专人管理。

2. 配电箱内安装漏电保护装置、线路穿管、接地正常，箱门箱体跨接有效。

3. 移动配电箱应采用完整的、带保护线的多股铜芯橡皮护套软电缆或护套软线作电源线。

4. 插口排列整齐无松动，空气开关容量与控制线路截面积、负载实际功率相匹配。

漫画 2－31：

情景描述： 非专业人员擅自操作配电设备。

安全风险： 人员触电。

安全提示： 1. 配电室应由专业电工值班，且定期检查维护保养。

2. 配电室应设置平面布置图、接地网络图，操作区地面应铺设绝缘胶垫。

3. 配电室应设置报警器、应急照明灯、防鼠板、警示标识。

4. 配电室应配备质量合格、数量满足工作需求的安全工具。

漫画 2－32：

情景描述：操作高压电气设备时，未佩戴和使用安全防护装置；变电器防护栏未上锁。

安全风险：人员触电、火灾。

安全提示：1. 高压作业应有专业人员进行操作，作业时应佩戴绝缘手套、绝缘靴和绝缘杆。

2. 油浸式变压器应设有 100% 变压器油量的储油池或排油设施。

3. 变压器四周应设置安全围栏和警示标示，实行上锁管理。

漫画 2－33：

情景描述： 仓内空调线路未做穿管保护。

安全风险： 人员触电、火灾。

安全提示： 1. 仓内电气线路要采用金属管或阻燃型 PVC 管保护。

2. 定期检查仓内电气设备。

3. 严禁将线路敷设在聚氨酯等可燃材料中。

漫画 2－34：

情景描述： 作业人员移动输送设备时未降低设备重心，触碰高压线。

安全风险： 人员触电。

安全提示： 1. 穿过库区、距离库区 10 米内高压线有防范措施和警示标志，高压线距离设施水平距离保持在电杆高度 1.5 倍以上。

2. 移动设备前，应避开高压线，将设备重心和高度降至最低点。

3. 移动设备中，必须有专人统一指挥，密切关注周围环境。

漫画 2 - 35：

情景描述： 非专业人员维修、清扫相关设备，且未断电操作。

安全风险： 人员机械伤害、触电。

安全提示： 1. 应由专业电工进行电气设备维修。

2. 维修人员在进行电气设备和线路检修时，必须切断电源，由专人看管或加锁，并悬挂“有人作业，严禁合闸”等字样的警示牌，确保维修人员的人身安全。

漫画 2－36：

情景描述： 输送机长期超负荷运行。

安全风险： 火灾。

安全提示： 1. 输送机要按规范要求载运粮食，严禁超载、超时运行。

2. 输送机、扒谷机等机电设备要符合“一机一闸一保护”要求。

漫画 2－37：

情景描述：设备检修作业时有人私自合闸。

安全风险：触电。

安全提示：1. 必须将前一级电源隔离开关断电，上锁并悬挂“有人作业、严禁合闸”标识牌，钥匙由电气人员保管。

2. 严禁带电作业。

漫画 **2－38**：

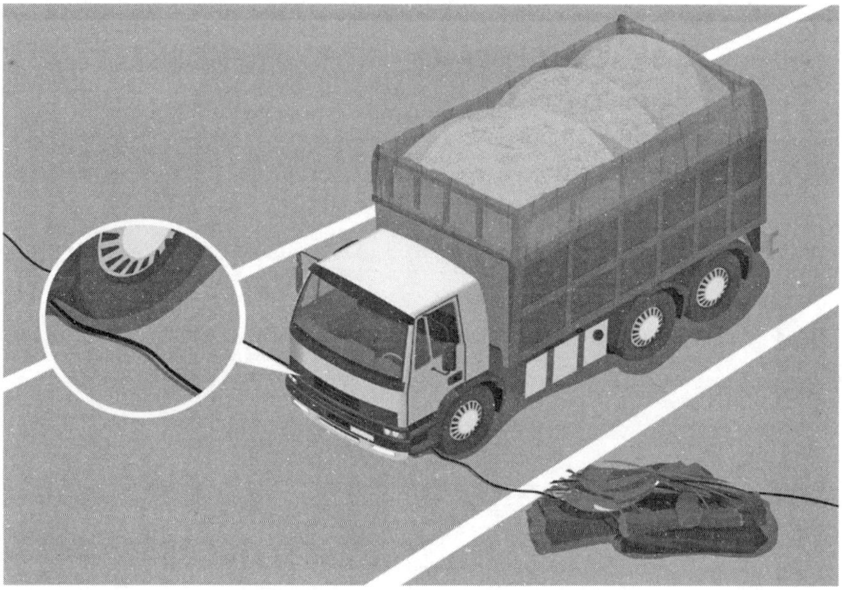

情景描述：库区车辆碾压电气线路。

安全风险：人员触电、火灾。

安全提示：1. 库区电源线必须完好无损、无裸露，铺设应符合用电安全规程。

2. 严禁电线铺设穿越道路，防止被车辆碾压。

3. 电气线路周围不应堆积可燃物资。

第四节 动火作业隐患识别

漫画 2－39：

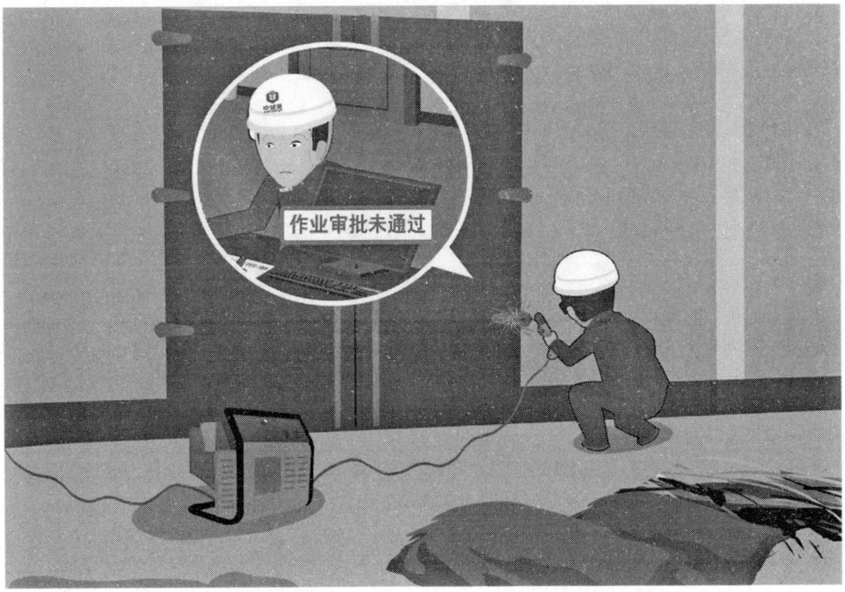

情景描述： 库区动火作业未经审批，现场无监护人员、无防护用具。

安全风险： 火灾。

安全提示： 1. 严格执行动火作业审批制度，动火作业前，应先办理动火作业许可证，严禁擅自开展动火作业。

2. 动火作业过程应有专人监护，作业人员应佩戴防护用具，现场配备充足的消防器材。

漫画 2－40：

情景描述： 在大风天气开展动火作业，现场无警示标识，未清理易燃物资。

安全风险： 火灾。

安全提示： 1. 动火作业区必须设立警示标志，划定动火区。

2. 五级以上大风（含五级）天气，禁止露天动火作业。

3. 动火作业完毕，应清理现场，确认无残留火种。

漫画 2－41：

情景描述： 动火作业使用气瓶不符合安全要求，气瓶使用不规范。

安全风险： 火灾、爆炸。

安全提示： 1. 动火作业时，使用的气瓶应符合规范要求。

2. 不使用的气瓶需有保护钢帽。

3. 作业时乙炔瓶和氧气瓶之间的距离≥5 米，动火点距离气瓶距离≥10 米。

4. 气瓶软管符合标准，有防回火装置。

漫画 2 - 42：

情景描述： 动火作业时焊渣坠落、飞溅，孔洞或格栅未铺垫防火毯。

安全风险： 人员烫伤、火灾。

安全提示： 1. 动火作业前应彻底清理动火范围内的易燃易爆品。

2. 动火作业应有专人监护。

3. 动火作业前应对作业点下方的孔洞进行封堵、隔离。

4. 动火作业现场应放置灭火器材并保证正常使用。

第五节　熏蒸及药剂管理隐患识别

漫画 2-43：

情景描述： 熏蒸作业后残渣投入下水道。

安全风险： 环境污染、人员中毒窒息。

安全提示： 熏蒸作业散气后，应将残渣逐点清理并进行无害化处理后，采用放入残渣处理池处理，或运至远离水源 50 米以外的僻静地方挖坑深埋，禁止投入下水道。

漫画 2－44：

情景描述： 粮食熏蒸现场单人作业，使用过滤式防毒面罩。

安全风险： 人员中毒窒息。

安全提示： 1. 严格执行熏蒸作业审批制度。

2. 粮食熏蒸及散气期间，应在距离粮仓至少 20 米处设置安全警示标识和警戒线。

3. 熏蒸施药、补药、散气作业和残渣处理应由 2 名以上人员进行操作，作业人员必须佩戴空气呼吸器，穿长袖工作服，戴橡胶手套等；作业期间，应安排 1 名监护人员站在仓门或仓口位置，保证观察到所有作业人员。

漫画 2 – 45：

情景描述： 药品库管理和药品储存不符合规定要求。

安全风险： 人员中毒窒息、火灾。

安全提示： 1. 药品应严格执行化学药剂“五双”管理（双人、双账、双锁、双收、双发）。

2. 各种药品分类整齐码放，药品离地高度至少 50 厘米。

3. 化学药剂存放地应配备合适的灭火器材。

漫画 2－46：

情景描述： 人员进入药品库未按规范操作、未检测有毒气体。

安全风险： 人员中毒窒息。

安全提示： 人员进入药品库前，应先开启排气扇，经检测室内空气合格后，方可进入。

第六节　高处作业隐患识别

漫画 2－47：

情景描述： 人员使用铲车登高维修路灯。

安全风险： 人员高处坠落。

安全提示： 1. 严禁使用铲斗举升人员从事高处作业。

2. 严禁使用铲车进行吊装作业。

漫画 2－48：

情景描述： 高处作业时现场无警示标识，无安全防护措施，现场缺少安全监护人员。

安全风险： 人员高处坠落。

安全提示： 1. 2 米以上高处作业应系安全带，安全带悬挂应牢固可靠；安全带无破损，挂钩完好可靠，应系牢在系留装置或固定设施上。

2. 高处作业下方应设立警示区，警示区安全范围应不小于作业区域面积的 2 倍，警示区应封闭无缺口，严禁人员穿行。

3. 高处作业应有人监护。

漫画 2-49：

情景描述： 夜间进行高处作业，无照明设施，且紧邻高压线。

安全风险： 人员高处坠落、触电。

安全提示： 1. 夜间无照明措施禁止从事高处作业。

2. 恶劣天气（如暴雨、大雪、大雾、雷电等）或五级以上大风（含五级）天气必须停止高处作业。

3. 高处作业时应远离高压线。

漫画 2－50：

情景描述： 脚手架搭设地面不平整，缺少跳板和护栏。

安全风险： 人员高处坠落。

安全提示： 1. 脚手架应规范安装跳板，绑扎铁丝合适，绑扎方式合理。

2. 登高平台四周应正确安装踢脚板，底部应有锁止装置。

3. 上下爬梯设定位置正确，与其他施工工件不冲突，爬梯安装应超出平台两个踏步以上；严禁把设备当梯子进行高处作业。

漫画 2 - 51：

情景描述： 楼层钢格栅固定卡箍松动或缺失，人员踩踏时翘头。

安全风险： 人员高处坠落。

安全提示： 1. 钢格栅应定期查找松动点并及时修复。

2. 钢格栅固定卡箍应定期检查。

漫画 2－52：

情景描述：多人同时登梯进仓作业，爬梯开焊。

安全风险：人员高处坠落。

安全提示：1. 定期检查爬梯的安全可靠性，爬梯连接处应无裂痕、放置基础要稳固，不得垫高，斜度角度适当，踏板处应有防滑处理。

2. 3人以上不得同时登梯。

漫画 2－53：

情景描述： 高处作业时上下抛扔工具。

安全风险： 高处坠物伤害。

安全提示： 1. 工具设备在高处应使用工具袋或绑扎等防坠落保护措施。

2. 作业现场禁止向下投掷物品。

3. 作业区域应设置警戒线，严禁无关人员进入。

漫画 2－54：

情景描述： 浅圆仓顶部作业时，因设备损坏或失效，导致人员坠落。

安全风险： 设备损坏、人员高处坠落。

安全提示： 1. 人员进仓上下爬梯时，必须抓好扶手。

2. 严禁人员倚靠在高空护栏上。

第七节　有限空间作业隐患识别

漫画 2－55：

情景描述： 1. 清理罐体时在有限空间作业无监护人监护。

2. 有限空间作业无标识、无救援设施。

3. 人员未佩戴防护用具，作业前未进行有毒有害气体检测。

安全风险： 人员中毒窒息。

安全提示： 1. 严格审批受限空间作业许可证，作业前要进行气体检测，实行“先通风、后检测、再作业”。

2. 有限空间作业现场应有监护人员。

3. 有限空间作业场所应设有醒目警示标识。

4. 作业时应佩戴空气呼吸器等防护装备，照明灯具应采用防爆型灯具和安全电压。

漫画 2－56：

情景描述： 1. 进入有限空间前未检测氧气浓度。

2. 作业人员未经安全培训和安全交底，发生违规操作。

3. 监护人员与作业人员沟通不畅或不及时。

安全风险： 人员中毒窒息。

安全提示： 1. 作业前应开具有限空间许可证，有专人进行安全监护，并保持通讯畅通。

2. 作业人员在作业前，须经安全培训合格后方可作业。

3. 有限空间作业前，应确保氧气浓度不低于 19.5%。

第八节　防汛安全隐患识别

漫画 2－57：

情景描述： 棉花库区避雷设施覆盖不足，个别仓房渗漏，密闭性差。

安全风险： 火灾、棉花霉变。

安全提示： 1. 库区应合理布局避雷设施，确保避雷设施有效覆盖。

2. 棉花仓房顶板、门窗应封闭严实，无透光及渗漏雨等现象。

漫画 2－58：

情景描述： 雷雨天气开启粮情测控系统；带电维修或检查粮情测控系统；检测结束后未关闭电源。

安全风险： 人员触电、设备损坏。

安全提示： 1. 应避免在雷雨天气时开启粮情测控系统。

2. 雷雨天气应及时关闭系统电源。

3. 严禁带电维修或故障检查。

第九节　基础管理隐患识别

漫画 2－59：

情景描述： 人员疲劳驾驶、野蛮驾驶、酒驾。

安全风险： 人员车辆伤害。

安全提示： 1. 严禁疲劳驾驶、野蛮驾驶，严禁酒驾。

2. 车辆启动前，驾乘人员应按规定系好安全带。

漫画 2－60：

情景描述： 车辆行驶前未检查周边情况，行驶过程中碰撞设备设施、仓墙。

安全风险： 设备设施剐蹭、人员车辆伤害。

安全提示： 1. 库区车辆应按交通指示标识行驶，严禁碰撞、剐蹭各类仓房设施和机械设备。

2. 车辆行驶前，应确定行驶线路周边安全。

漫画 2-61：

情景描述： 叉车载人。

安全风险： 人员高处坠落、车辆伤害。

安全提示： 1. 叉车驾驶不得超重、超高、超速行驶，严禁急刹车、急转弯，严禁叉车带人行驶。

2. 在拐弯、出货门口时要确认前方状况减速行驶并鸣笛。

3. 叉车在厂内主要道路行驶限速 10 千米/时，室内限速 5 千米/时。

漫画 2－62：

情景描述： 清舱设备出入舱时，钢丝绳断裂，重心偏移。

安全风险： 设备损坏、人身伤害。

安全提示： 1. 门机倒舱作业时，门机司机应正确操作，避免钢丝绳断裂。

2. 清舱设备出入舱时，防止装载机坠落损坏，应检查钢丝绳，防止吊架脱焊，起吊作业防止重心偏移。

3. 作业之前，必须先将木枕放置于抓斗底部两侧，防止攀爬过程中发生倾翻事故。

漫画 2－63：

情景描述： 起重机作业时作业区域无警示标牌，且设备损坏。

安全风险： 人员起重伤害。

安全提示： 1. 起重机作业时警示标牌应无缺失或被遮挡。

2. 起重机筒体固定螺栓正常，起升机卷筒、报警装置、架臂照明、防脱钩装置等应完好有效。

3. 起重机取料装置应固定、承重正常。

漫画 2－64：

情景描述：人员意外坠入水池。

安全风险：人员淹溺。

安全提示：水池周围应设有防护栏杆，并设有安全警示标识。

漫画 2－65：

情景描述：保管员离开仓房时仓门未上锁。

安全风险：人身伤害、失火和盗窃风险。

安全提示：仓房应上锁，并由专人管理。

漫画 2－66：

情景描述：酒后作业。

安全风险：人员高处坠落。

安全提示：1. 严禁酒后作业。

2. 严禁有职业禁忌的人员从事相关作业。

漫画 2－67：

情景描述： 气调设备未定期检修，充氮气流方向与充气工艺要求不一致。

安全风险： 人员机械伤害、中毒窒息。

安全提示： 1. 应对制氮设备进行定期保养，压力容器应按规定定期报备。

2. 充气前确保充氮气流方向与充气工艺要求一致。

漫画 2－68：

情景描述：冬季烘干塔上方坠落冰碴。

安全风险：人身伤害。

安全提示：冬季应及时清理烘干塔、仓房等设施顶部冰碴，以防坠落伤人。

第十节　简易储粮设施隐患识别

漫画 2－69：

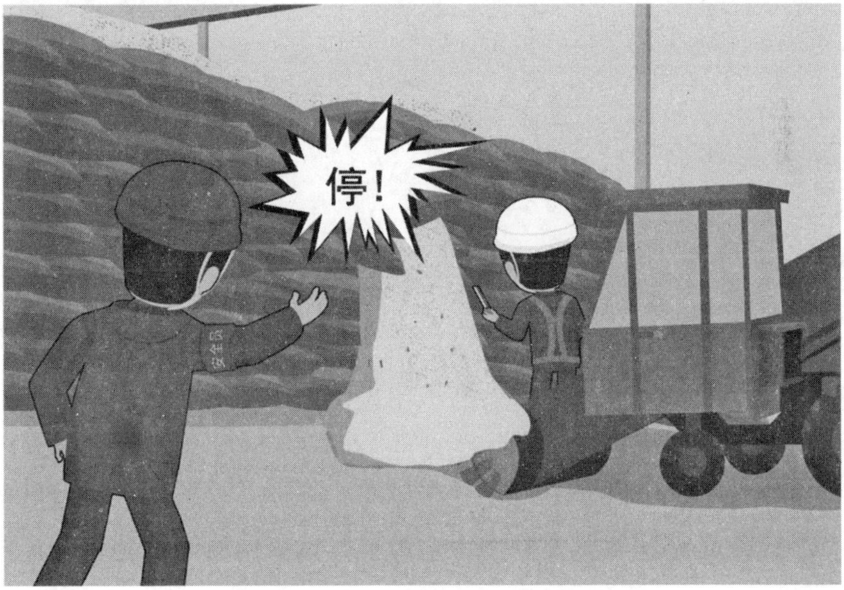

情景描述： 包打围作业时，不按要求码垛或码垛不稳。

安全风险： 粮堆埋人。

安全提示： 1. 围包散储的围墙麻袋首尾相压处不少于 30 厘米。

2. 围包散储四角和过道关键部位及外层麻袋必须缝口。

漫画 2－70：

情景描述： 包打围码垛超高，出现涨包现象。

安全风险： 坍塌、粮堆埋人。

安全提示： 1. 入粮前要根据装粮数量，提前计算装粮高度，根据粮食的散落性大小，确定围包散储墙的安全厚度，保证装粮后堆围承载安全。

2. 装粮高度应不超过 5 米，麻袋外侧与钢柱保持 1 米间距，麻袋底部要有防水防潮措施。

漫画 2－71：

情景描述： 包打围货位出库作业时，围墙未随散装粮面的高度降低而拆除；作业人员未佩戴安全绳。

安全风险： 坍塌、粮堆埋人、人员高处坠落。

安全提示： 1. 包打围货位出库作业时，围墙高度要随散装粮面的高度降低而拆除，不可形成过大的高度差，以防围墙坍塌。

2. 作业前，人员应正确佩戴安全帽和安全绳等防护用具，并尽量与围墙保持安全距离，防止高处坠落或被掩埋。

漫画 2－72：

情景描述： 包打围苫盖篷布未佩戴安全绳等防护措施。

安全风险： 人员高处坠落。

安全提示： 1. 正确佩戴安全绳等防护措施。

2. 临时货位爬梯要牢固可靠，上下货位时要确认货位及爬梯安全，并设人员监护。

漫画 2－73：

情景描述： 采用非正规设计的隔断储粮，单侧出库或偏载入库过大，造成围墙坍塌。

安全风险： 坍塌、粮堆埋人。

安全提示： 1. 严禁非正规设计的隔断用于散装储粮；

2. 对已经存有散装储粮的隔断，出库作业时要谨防侧压过大，作业人员要保持安全距离。

第三章

典型事故案例

第一节　火灾事故

案例一：黑龙江林甸直属库“5·31”火灾事故

2013 年 5 月 31 日，中央储备粮林甸直属库有限公司（以下简称“林甸直属库”）发生一起火灾事故，造成 80 个粮囤、揽堆过火，直接经济损失 307.9 万元。

一、事故单位概况

林甸直属库坐落于黑龙江省大庆市林甸县花园镇中心村，始建于 1961 年，原为林甸县粮食局所属粮库，2011 年 8 月经国家有关部门批准划转为中储粮直属库，隶属于中储粮黑龙江分公司。2011 年 8 月，经林甸县工商行政管理局颁发企业法人营业执照，注册资金 52.6 万元，为全民所有制企业。该库占地总面积 22 万平方米，职工 42 人（其中正式职工 19 人），主要从事粮食购销和存储业务。该粮库固定库容 ** 万吨，储存各类政策性粮 ** 万吨，商品粮 ** 万吨。露天货位 ** 个，存粮 ** 万吨；仓房 ** 栋，存粮 ** 万吨，实际存粮 ** 万吨，品种为玉米、水稻、大豆。

二、事故经过及抢险救援情况

2013 年 5 月 31 日 4 时许，林甸直属库力工队长黄某带领 32 名员工，按照粮库副主任于某的要求，进行粮食攒堆作业。其中员工陈某、闫某 2 人在 12 号砖混储位附近的“林 LC 临时 01”号储位与“林 LC 临时 02”号储位之间的地面，负责操作皮带式输送机向“林 LC 临时 02”号储位上方输送玉米，配合粮堆上方的赵某等 14 人进行攒堆作业。12 时许，作业人员分班吃饭后，继续进行“林 LC 临时 02”号储位攒堆作业。13 时 15 分左右，“林 LC 临时 02”号粮堆上方的赵某发现，地面上操作皮带式输送机的陈某身后“林 LC 临时 01”储位苫盖玉米堆的苇棚着火，随即呼叫他人施救。同时，电话通知本单位消防车实施灭火救援。粮库副主任罗某接到火警报告后，带领 60 余人展开扑救，同时打电话报警。受当日高温、大风极端恶劣天气影响（据林甸县气象局记录，当日气温最高达 35.4℃，风速最高 18.5m/s，风力 8 级），“林 LC 临时 01”号玉米堆的火势随风力顺势蔓延，大火引燃其他 79 个粮囤、揽堆货位的苇制苫盖物，形成连营火灾。接到事故报警后，县公安消防大队出动 6 台消防车，于 13 时 38 分赶到现场进行扑救，并向市消防支队和临近县区、厂矿消防队发出增援请求。随后，大庆市 4 支主要消防队伍、24 台车辆、109 名指战员、150 名民兵陆续赶到现场控制火势。经过紧急救援，16 时 30 分大火被扑灭。

三、事故原因

（一）直接原因

粮库作业过程中，皮带式输送机在振动状态下电源导线与配电箱箱体孔洞边缘产生摩擦，导致电源导线绝缘皮破损漏电并打火，引燃可燃物苇栅和麻袋，并蔓延至其他79个粮囤、揽堆货位的苇制苫盖物。

（二）间接原因

1. 林甸直属库安全生产主体责任落实不到位，现场安全管理混乱。违反《林甸直属库作业现场安全防火制度》第十条“五级以上大风禁止室外明火作业、六级以上大风禁止室内外一切作业”的规定，在恶劣天气条件下违章指挥作业人员进行运粮和攒堆作业；企业安全生产投入不足，未按规定设置皮带输送机漏电保护装置，漏电时未能自动断电；新建临时储位没有消防管网和消防栓等消防设施，储位之间没有采取物理隔离，未增大消防水池容量并未设置与之配套的消防栓，仅有的一台消防车处于缺油、缺水状态，致使火灾初期没能得到有效控制；隐患排查整改不力，未及时发现和更换老化的用电线路，未发现和解决配电箱穿线孔无防摩擦保护胶套的问题，且重要防火区域电线电缆未进行穿管保护、用电设备没有漏电保护装置；企业主要负责人和安全管理人员未参加安全培训，员工入库前未进行三级教育并按规定参加消防安全培训；应急管理工作不力，未进行具有针对性的火灾应急演练。

2. 中储粮黑龙江分公司企业内部安全管理和组织开展“打非治违”等工作不到位，存在林甸直属库消防安全责任不落实、安全培训教育工作不力、现场管理混乱和隐患排查不认真、不细致、不彻底等问题，监督管理严重缺失。

3. 中储粮总公司对安全生产工作抓得不紧、不严、不实，对中储粮黑龙江分公司的安全生产工作监督检查和指导不到位。

4. 大庆市公安消防支队林甸消防大队对中储粮林甸直属库消防安全监管不力，未及时发现并督促消除粮库存在的火灾隐患。

四、事故处理

（一）移交司法机关处理的人员

林甸直属库维修班电工、维修班班长、综合办主任、库副主任、库主任等6人，因负责电气设备日常检查、维修，未能及时发现和整改管辖范围内的电气设备存在的安全隐患；违反恶劣天气禁止用电制度，在大风天气未及时断开用电设备；擅自指派消防车从事灭火救援以外的浇菜园作业，导致消防设施没有处于战备状态；指挥作业人员违章作业，对机械设备检修、维修、保养工作组织领导不力，致使用电设备带病作业；对企业安全管理不到位，安全管理制度和员工安全培训不落实；未按规定定期开展应急演练，应急装备不完善；组织开展粮库内“三违”和安全隐患排查整改不得力，现场安全管理混乱等，对事故的发生负有主要责任，移交司法机关处理。

（二）给予党纪政纪处分的人员

中储粮黑龙江分公司仓储管理处处长、中储粮黑龙江分公司副总经理、中储粮黑龙江分公司党组书记、总经理，中储粮仓储管理部部长等9人，因对中储粮林甸直属库仓储设施使用和管理指导不力，对消防安全工作监督管理不力；组织指导开展“打非治违”和隐患排查治理工作不力；对林甸直属库企业安全生产主体责任不落实、安全管理混乱问题监督检查不到位等，对事故的发生负有重要领导责任和监管不到位的责任，分别给予其撤职、党内严重警告、行政降级、行政记大过等处分。

五、事故教训和防范措施

（一）牢固树立和落实科学发展观，认真实施安全发展战略

各单位要深刻吸取林甸直属库“5·31”火灾事故教训，举一反三，下大力气加强安全生产工作。要按照党中央、国务院的重大决策部署和习近平总书记、李克强总理等中央领导同志的一系列重要批示指示要求，牢固树立和切实落实科学发展观，认真实施安全发展战略，坚持以人为本、科学发展、安全发展，始终把人民生命财产安全放在首位，坚守发展决不能以牺牲人的生命为代价这一不可越的红线，坚决纠正片面追求经济增速、财政收入和规模扩张、利润增长而忽视安全生产的倾向，正确处理好安全与生产、安全与效益、安全与发展的关系，把安全生产纳入当地经济社会发展整体布局和企业的长远发展全局之中，不断完善体制机制、完善责任体系、完善政策措施，强化考核考评、强化监督检查、强化执行落实、真正把安全生产责任制和各项工作措施任务落到实处、落实到基层和企业，落实到各个环节和岗位，提高整体安全生产和监督管理水平、确保安全生产。

（二）落实企业安全生产主体责任，加强企业的安全管理

各单位要从根本上强化安全意识，真正落实企业安全生产法定代表人负责制，坚持“安全第一、预防为主、综合治理”的方针，切实落实企业安全生产主体责任。要认真贯彻执行安全生产法律法规，建立健全安全责任体系，不断完善各项规章制度和安全操作规程并加以严格执行，坚决治理并纠正违章指挥、违章作业、违反劳动纪律的现象；要加强安全教育培训，不断提高全体员工尤其是各级企业管理者的安全意识和技能；要依法加大安全生产投入，推进科技强安，不断改善安全生产条件，保证安全设施齐全有效，提高安全生产保障能力和本质安全水平；要加

强安全生产标准化建设，深入持久、持之以恒地开展安全隐患排查治理工作，及时发现和解决各种问题，防患于未然；要加强企业内部的生产管理、技术管理、设备管理、质量管理和现场管理，全面夯实安全生产基础；要加强应急管理，完善应急预案；要加强应急演练，建立专兼职应急救援队伍，配备满足需要的应急救援装备和物资，不断提高应对处置事故灾难的能力。

（三）要强化安全监管职责，全面加强安全监管工作

要按照党中央、国务院的部署要求，切实加强对安全生产工作的领导，严格落实安全生产“一岗双责”制，把安全生产工作摆在重中之重的位置，以高度的责任感、使命感和紧迫感进一步加强安全生产工作。要全面落实“管业务必须管安全、管生产经营必须管安全”的原则，切实承担起安全监管职责，加强日常的监督检查，监督指导直属企业真正落实安全生产主体责任，完善安全管理体系，落实安全防范措施，提高安全管理水平；要加大执法力度，做到“有法必依、执法必严、违法必究”，保证和促进安全生产法律法规、规章制度、标准规程的执行与落实；要严格“三同时”（同时设计，同时施工，同时投入）审查、严格发证许可、严格各项审批，强化源头监管；要按照“四不放过”（事故原因未查清不放过，责任人员未处理不放过，责任人和群众未受教育不放过，整改措施未落实不放过）和“科学严谨、依法依规、实事求是、注重实效”的原则，严肃认真地查处事故，严厉追究有关责任单位和责任人的责任。

（四）要集中开展消防安全大排查大整治活动，全面加强消防安全工作

各单位要利用有效时间集中开展消防安全大排查、大整治行动，并严格按照“四个一律”（对非法生产经营建设和经停产整顿仍未达到要求的，一律关闭取缔。对非法违法生产经营建设的有关单位和责任人，一律按规定上限予以经济处罚。对存在违法生产经营建设行为的单位，一律责令停产整顿，并严格落实监管措施。对触犯法律的有关单位和人员，一律依法严格追究法律责任。）的要求，重点排查整治堵塞消防疏散通道和安全出口、采用易燃可燃材料装修、私拉乱接电气线路以及灭火器材毁损等各类消防违法违规行为。对检查发现的一般隐患和问题，责令立即整改消除；对检查发现的重大隐患，要落实整改责任、资金、时限、措施和预案，责令限期整改。要加强消防安全宣传教育培训，宣传普及火灾预防、初起火灾扑救以及逃生自救常识，提高消防安全意识和技能，尤其要督促并加大从业人员的消防安全教育培训和灭火疏散应急演练力度，提高从业人员检查消除火灾隐患、扑救初期火灾、组织疏散逃生、消防宣传教育的“四个能力”；要强化消防安全“三同时”工作，特别要针对储存粮食等重要物资和易燃易爆物品的场所，提高消防安全标准，严格“三同时”审查和竣工验收，确保消防等安全设施做到“三同时”；要深化“防火墙”工程建设和消防安全专项整治工作，加强消防安全的网格化管理。

（五）要深入开展“打非治违”工作，切实做到常态化长效化

各单位要继续按照《国务院办公厅关于集中开展安全生产领域“打非治违”专项行动的通知》的要求，以及国务院安全生产委员会的相关部署，坚持不懈地持续开展“打非治违”工作。要充分认识不断深化“打非治违”专项工作的重要性、必要性和“打非治违”工作的艰巨性、长期性、复杂性，牢牢抓住“打非治违”这个安全生产工作的“牛鼻子”不放松、不停顿、不松懈，针对本单位的特点和实际情况，进一步完善机制、明确职责、落实责任，继续加强对“打非治违”工作领导和推动。要认真总结“打非治违”工作的经验，找出存在的突出问题和薄弱环节。要继续保持对非法违法、违规违章行为的高压态势，严厉打击和治理非法违法活动和违规违章行为。对非法违法行为突出的重点单位实施重拳出击、重点打击、重点治理。各单位要积极开展治理违章违规工作，深入持久地进行自查自纠，及时认真排查和整改企业中存在的对安全生产不重视、安全生产责任制和规章制度不完善不落实、安全投入不到位、安全管理措施不得力、现场管理不达标甚至混乱、培训教育不到位和隐患排查治理不认真、不扎实、不彻底及违章指挥、违章操作、违反劳动纪律现象突出等问题。要立足当前、着眼长远，标本兼治、注重实效，通过强化统筹推进、明确职责分工、建立协调机制、实行考核考评、加强社会监督，进一步促进“打非治违”工作实现制度化、规范化、常态化。

案例二：武城兴宏物流仓储有限公司“3·23”火灾事故

2017 年 3 月 23 日，山东省德州市武城县兴宏物流仓储有限公司（以下简称“兴宏公司”）发生一起火灾事故，造成 2016 平方米仓库及 2122 吨储备棉过火，无人员伤亡。

一、事故单位概况

兴宏公司是山东省德州市武城县一家民营企业，是中储棉公司社会承储库之一，最大在库储备棉存储数量为 9.03 万吨。该公司于 2011 年 8 月申请作为储备棉代储备用仓库，2011 年 11 月中储棉公司与兴宏公司建立储备棉存储合同关系，由中储棉青岛公司具体负责监管工作。截至 2017 年 3 月 23 日，在库储存量约 6.6 万吨。

二、事故经过及救援情况

2017年3月23日23时51分，中储棉青岛公司值班领导郭某接到兴宏公司董事长谭某电话报告，兴宏公司1－1、2－1号库（连体库，动态作业中）发生火灾。郭某立即将情况报告青岛公司总经理周某，周某紧接着报告中储棉公司，同时赶往事发现场协助指导救援工作。接到青岛公司电话报告后，中储棉公司领导紧急启动应急预案，立即将了解的初步情况报告中储粮总公司安委会办公室，并安排人员连夜赶往事发现场。3月24日上午10时左右，明火基本扑灭，无人员伤亡和次生灾害。3月24日下午，在协调消防部门同意后，开始对现场进行清理，彻底消除隐患。于3月27日上午，事故现场基本清理完毕。

三、事故原因分析

（一）地方消防部门事故调查分析

依据武城县公安消防大队出具的事故认定报告，事故起火原因排除放火、电气线路及设备、用火不慎、吸烟、玩火、外来飞火引发火灾的可能，不能排除夹包机在作业过程中棉包绑扎钢丝与其他物品摩擦产生火星、夹包机排气管喷出火星引发火灾的可能。

（二）企业内部事故原因分析

该起事故暴露出社会承储单位存在安全意识薄弱、制度执行不到位、安全防范措施不足等问题。直属企业在督促社会承储单位依法落实安全生产主体责任、建立健全安全生产责任体系、严格执行安全管理制度、有效防范和遏制生产安全事故等工作中，存在安全意识不足、责任落实不到位、监管检查措施不力等方面的问题。

四、事故责任追究

中储棉公司对火灾事故单位和相关责任人处理情况如下：

（一）严肃追究武城县兴宏物流仓储有限公司违约责任

一是将其存放的储备棉全部安排出库，作撤点处理；二是中储棉公司今后不再将兴宏公司作为储备棉承储备选库点；三是按双方合同约定，扣减兴宏公司 40 万元保管费用及相关费用（入库费、配合公检费、短倒费等）作为违约金。

（二）严肃处理监管单位中储棉青岛公司相关责任人

一是给予青岛公司时任总经理行政警告处分，现已将该同志调离中储棉公司；二是给予青岛公司副总经理（安全生产工作分管负责人）行政记过处分。

五、整改防范措施

针对兴宏公司火灾事故暴露的问题，中储棉公司研究制定了《关于加强储备棉公检、出库期间安全生产的工作方案》，加强储备棉公检出库期间的安全生产工作，提高承储单位的安全管理和事故防范能力，坚决遏制事故发生。

（一）聚焦事故问题，严密部署加强安全生产工作

第一时间发布了《关于开展储备棉公检出库作业集中专项安全检查的通知》，对深入排查作业安全隐患、有效防范安全风险提出了具体要求。同时，研究下发《关于进一步加强储备棉公检出库期间安全生产工作的紧急通知》和《关于进一步规范公检出库工作的通知》，通报事故情况，强调业务、安全管理要点，全力确保储备棉公检、出库期间安全生产。

（二）落实消防专项治理，深入开展安全生产检查

严格按照《关于开展储备棉公检出库作业集中专项安全检查的通知》，全面细致抓好检查工作的落实与隐患整改。由班子成员和高管带队，检查部分承储单位的公检、出库及安全生产情况，加大事前管控力度。成立6个安全巡查小组，以“划片分包”形式，安排专人对动态作业承储库点开展不定期安全督查（包括承储企业现场安全检查及每日通过视频监控系统进行检查），持续跟进检查和隐患治理工作。对检查发现存在重大安全隐患及隐患久拖不改的单位，采取通报批评、扣减保管费、移库、出库等严肃处理措施，加大安全管理工作力度，确保储备棉安全生产形势总体稳定。

（三）开展多形式作业安全教育培训

一是应用手机移动端开展“互联网+”安全教育培训，建立“棉花仓储生产安全”公众号（内容包括安全生产要求、作业安全管控要点、操作规程详解等），同时面向储备棉承储库负责人、安全生产及业务设备不同管理人员建立微信学习平台，强化全体干部职工安全生产意识和对安全新形态的全面了解、研判和应对；二是从2017年开始，每年组织中储棉公司总部及所有直属企业主要负责人、安全管理人员参加安全生产管理人员培训班，确保承储企业负责人持证上岗，切实强化对企业生产安全管理的组织领导。三是开展安全宣传教育活动。多形式组织“安全知识竞赛”“消防演练”“领导讲堂”“主题日宣传展览”等宣教活动，有效增强全体人员的安全意识和责任意识。

案例三：江西贵溪直属库“8·7”火灾事故

2017年8月7日，中央储备粮贵溪直属库有限公司（以下简称“贵

溪直属库”）发生一起火灾事故，造成库区 14 号、15 号、16 号仓及钢罩棚过火，直接经济损失 118.64 万元，无人员伤亡。

一、事故单位概况

贵溪直属库作为国债建库项目之一，始建于 1998 年，2000 年竣工投入使用，同年 9 月上收中储粮总公司管理。贵溪直属库下辖分库一个，主库区占地 127 亩，仓容 ** 万吨（其中 1998 年国债建库 ** 万吨，2008 年自有资金建库 ** 万吨，2015 年拆旧建新 ** 万吨），2017 年 7 月底各种政策性粮食库存约 ** 万吨。15 号、16 号仓建于 2008 年，长 90 米、宽 24 米，设计仓容 ** 吨。仓间罩棚建于 1999 年，长 196 米、宽 15 米。

二、事故经过及救援情况

2017 年 8 月 7 日 14 时 50 分，贵溪直属库 16 号仓空调维修送电试运行时，维修员发现南墙东侧屋顶与墙体结合处，突然冒浓烟引起明火。大火迅速燃烧至紧邻的 15 号仓和仓间罩棚，最后沿着仓间罩棚蔓延至 14 号仓房。保管员第一时间切断电源，立即报警求救。直属库立即启动应急预案，疏散库区车辆，设置安全警戒线，开展抢险自救。20 分钟左右，市、县两级消防队先后赶到现场，经历 4 个小时扑救，明火于当日 19 时左右被扑灭，在当地政府和有关部门的强力管控下，有效控制了舆情风险。为保证安全并减少事故损失，直属库对受损彩钢板屋顶进行拆除，对 16 号仓粮食进行轮换销售出库，15 号仓按商品粮销售出库，14 号仓压盖材料（纤维板）虽过火但未烧毁，表层粮食未波及但部分被水浸湿，经多次检测粮食质量未发现异常。8 月 13 日，15 号、16 号仓粮食已全部销售出库。8 月 14 日受损屋面全部拆除。

三、事故原因分析

（一）地方消防部门事故调查分析

结合事故当天多角度录像和部分人员谈话记录，当地消防部门认定起火点位于16号仓南墙东侧屋顶与墙体结合处，并得出以下结论：

1. 排除人为放火的可能。主要依据有：市公安局刑事警察大队出具的情况说明。

2. 排除雷击、外来火源引发火灾可能。主要依据有：根据气象局的天气证明。当日全天为多云转晴天气，无雷暴活动，且询问笔录中没有发现打雷的情况。

3. 排除遗留火种引发火灾可能。根据现场视频和走访询问情况，何某（维修人员）和项某（保管员）进入仓房后未遗留任何火种，同时根据现场勘验，未发现遗留火种。

4. 根据现场勘验、询问目击者何某和仓库保管员项某，走访询问粮库工作人员以及现场监控视频等，起火原因认定为电气故障引燃周边可燃物，为一般火灾事故。

（二）企业内部事故原因分析

该起事故暴露出贵溪直属库在管理中存在以下问题：

1. 安全防火意识淡薄。贵溪直属库没有牢固树立“两个安全”意识，安全生产责任落实不到位。维修作业没有严格制定计划，更没有报告、审批等程序，体现出管理上粗放、思想上麻痹，安全防火意识淡薄。

2. 作业流程存在缺陷。在仓内进行电气设备维修时，仅有保管员一人陪同，没有安排电工、安全员在现场监督，不符合管理要求。

3. 制度执行不到位。电气设备维修，特别是在仓内作业，有关人员未携带消防设备、器材，没有紧盯维修过程，在突发事故发生后，不能在第一时间进行处置。

4. 应急演练流于形式。直属库虽然制定了《生产安全事故应急预案》，但日常演练不足，且较多流于形式，关键时刻措手不及，没有完全按照预案流程采取科学处置措施。

四、事故责任追究

经中储粮江西分公司党组研究，对该库及领导班子成员作出以下处理：

1. 责成贵溪直属库向分公司作出深刻书面检查，举一反三，立即开展库区及分库的安全生产隐患排查，认真反思问题，改进工作作风，强化问题整改，健全规章制度，严格作业流程，加强全员培训和应急演练，切实落实安全生产责任。

2. 按照安全生产“一票否决”制度，取消该库和库领导班子当年的评先创优资格。

3. 贵溪直属库主任应对事故负有主要领导责任，给予行政记大过处分，并予以经济处罚 10000 元；党总支书记负有“一岗双责、党政同责”，给予党内警告处分，并予以经济处罚 10000 元；副主任负有直接领导责任，给予行政降级处分（降为正科级），并予以经济处罚 10000 元。

4. 责成贵溪直属库对事故有关责任科室及责任人作出相应纪律处分和经济处罚，并将处理结果报分公司。

五、整改防范措施

1. 立即在系统内组织安全生产大检查，对消防安全、设施设备使用安全、用电安全、建设安全等进行一次全面的检查，堵塞管理漏洞。

2. 立即对系统内用电设备进行全面升级改造，包括变压器负荷、线径、线路一律用铠装电缆埋设，进仓管线一律采用阻燃型 PVC 套管。

3. 废除仓内所有配电线路，除粮情检测和远程监控弱电外，强电（包括空调、轴流风机）一律改在室外点对点供电。

4. 废除仓内现有照明线路，采用室外点对点供电、室内安装冷光源射灯。

5. 探寻新型防火材料替代仓内现有的密闭、压盖及保温隔热材料，提高防火等级，消除安全隐患。

6. 以安全生产风险评估为契机，加强员工培训，强化应急演练，不断提高风险识别能力和突发事件的处理能力。

7. 加大安全生产监督检查力度，做到全覆盖、零盲区、零容忍。

案例四：河南焦作直属库“3·31”火灾事故

2018 年 3 月 31 日，中央储备粮焦作直属库有限公司（以下简称“焦作直属库”）发生一起火灾事故，造成 19 号和 20 号仓顶沥青防水卷材过火，无人员伤亡。

一、事故经过及救援情况

2018 年 3 月 31 日，河南省焦作直属库院内进行仓房屋面防水维修作业，施工单位为北京东方雨虹防水工程有限公司。12 时 30 分左右，施工工人离开作业现场，焦作直属库职工发现 19 号、20 号仓仓顶冒烟起火，12 时 34 分拨打 119 电话报警，同时启动消防应急预案，组织公司职工开展扑救，12 时 45 分消防救援人员赶到现场开展扑救，13 时 05 分火势被控制，13 时 15 分明火扑灭，火灾未造成人员伤亡及粮食受损。河南省焦作市山阳区公安消防大队封锁现场，并张贴《封闭火灾现场公告》。河南分公司接到焦作直属库事故报告后，立即安排副总经理、仓储管理处处长及基建人员赶到现场进行督导，要求焦作直属库：一是对19号、20号仓采取塑料薄膜覆盖，防止天气变化下雨造成渗漏，影响储粮安全，并抓紧与消防队联系，尽快进行仓顶防水施工；二是加强施工单位安全监督管理，要求施工单位制定具体安全防护措施，确保施工安全；三是加强舆情防控，密切关注舆情；四是认真梳理管理中存在的不足，分清责任，对相关责任人进行问责。

二、事故原因分析

（一）地方消防部门事故调查分析

焦作市山阳区公安消防大队认定起火原因为，排除自燃、人为纵火的可能，不排除现场施工方工程负责人石某指使未经安全培训且无证人员刘某、张某、彭某、翁某等5人违规作业过失引发火灾的可能。加之现场露天存放剩余防水卷材，防护措施不到位过失导致火灾扩大。

（二）企业内部事故原因分析

根据现场情况，初步分析着火原因为施工人员离场前，未做好安全防护措施（喷枪未熄火或未采取降温措施），导致防水卷材着火。主要存在以下方面的问题：

1. 施工方安全管理存在安全隐患，施工现场消防器配备不足，无安全监管人员，未清理易燃物。

2. 监理方监管缺失。监理人员施工期间未在施工现场，未能进行有效监督管理。

3. 直属企业安全人员未有效监督，安全巡查存在监管漏洞；未及时认真执行对项目单位下发的安全责任区问题处理单。

4. 值班人员没有遵守值班纪律，存在迟到、不打卡现象。

三、事故责任追究

（一）对施工方相关人员的责任追究

1. 承担火灾事故仓顶屋面过火部分及外墙面、房檐及落水管等二次维修全部费用；

2. 按照《工程施工安全协议》对施工方处罚10000元（从工程款中扣除）。

（二）对监理方相关人员的责任追究

按照《工程监理安全协议书》，对监理方经济处罚6000元（从监理费用中扣除）。

（三）河南分公司对直属企业相关人员的责任追究

1. 给予焦作直属库总经理诫勉谈话，扣罚2018年绩效奖2000元。

2. 给予分管安全工作的副书记行政警告，扣罚2018年绩效奖2000元，并分别向河南分公司作出深刻检讨。

（四）直属企业对相关人员的责任追究

1. 对直接责任人和相关责任人的处理意见：给予对安全生产负有管理职责的责任人诫勉谈话，扣罚2018年绩效奖2000元，在次月工资中兑现；对库区基建维修改造项目负责人诫勉谈话，扣罚2018年绩效奖2000元，在次月工资中兑现；对库区安全员通报批评，扣罚2018年绩效奖400元，在次月工资中兑现，并作出书面检查。

2. 对值班人员的处理意见：对当日值班迟到19分钟且未打卡人员扣罚2018年绩效奖50元，在次月工资中兑现；对当日值班迟到90分钟且未打卡人员视为旷工，扣罚2018年绩效奖200元，在次月工资中兑现；对当日值班无故脱岗人员，扣罚2018年绩效奖300元，在次月工资中兑现。同时对以上当日值班人员给予通报批评，并写出书面检查。

3. 对全体人员的处理意见：扣罚焦作直属库全员 40% 的安全奖，即每人 800 元，在 2018 年底统一兑现。

四、整改防范措施

（一）召开辖区安全生产视频通报会议

召开辖区安全生产视频会，对火灾情况进行通报，并要求辖区直属企业要高度重视消防工作，深刻汲取教训，举一反三，扎实做好安全生产和消防工作。

1. 研究部署安全生产和防火工作，制定具体安全生产及防火措施。

2. 严格履行入库登记制度、烟火收缴制度、动火和临时用电审批制度。严格履行施工作业现场监管，做好作业现场清理检查工作。

3. 坚持领导班子早晚巡查、领导带班、安全员巡查制度，落实全员安全生产责任制。

4. 加强安全生产在线监测，重点加强施工作业现场监测，严禁作业现场无安全警示牌，严禁施工人员未佩戴安全帽、安全绳，严禁电线裸露、私拉乱接等现象。

（二）全面组织开展消防隐患排查治理

为深刻吸取此次事故教训，河南省分公司立即下发《关于开展消防隐患排查治理的通知》和《关于开展仓储设施维修改造项目安全生产大检查的紧急通知》（中储粮豫仓函〔2018〕3 号），要求辖区各直属企业对维修改造项目进行拉网式排查，对施工期间存在的隐患要及时整改，整改不到位坚决不得施工，切实加强施工安全管理，防止类似事故再次发生。

（三）规范外包作业安全管理和应急处置

要求辖区直属企业进一步加强外包作业安全生产管理，严格落实施工方和监理方责任和义务，并安排专人督促巡查，加强痕迹化管理，并规范巡查记录。同时加强员工安全培训和应急演练，提高应急处置能力。

案例五：成都直属库“12·30”火灾事故

2015 年 12 月 30 日，中央储备粮成都直属库有限公司（以下简称“成都直属库”）发生一起火灾事故，造成 45 号仓房屋顶 100 余平方米过火，直接经济损失 2 万元，无人员伤亡。

一、事故单位概况

成都直属库位于四川省成都市新津县工业园区，正式组建于 1998 年，占地 280 亩，自有仓（罐）容 ** 万吨（其中罐容 ** 万吨）。在册员工 44 人，其中负责本库仓储保管人员 16 名。截至 2015 年 11 月，本库及辖区 38 个代储库点共储存中央事权粮油 ** 万吨，其中中央储备粮 ** 万吨。事发 45 号仓为彩钢板屋面结构的高大平房仓，设计仓容 ** 吨，实际储存 2012 年临储进口小麦 ** 吨。

二、事故经过及救援情况

2015 年 12 月 30 日 11 时 25 分，负责仓顶防水设施改造的东方雨虹防水工程有限公司施工人员，在对 45 号仓进行防水改造作业时急于赶进度，在基层处理剂（含有挥发性易燃气体）没有完全干燥的情况下匆忙施工，引发基层处理剂着火，由于基层处理剂位于防水卷材底部，没有被施工人员及时发现，直至防水卷材表面起鼓，出现大量浓烟时才被察觉。现场施工人员及成都库现场人员立即采用现场配备的 12 支干粉灭火器进行灭火，同时直属库现场负责人员立即向库领导电话报告。但由于着火点位于防水卷材底部，无法直接扑灭火源，施工人员随即拨打 119 报警。库领导接到事故报告后，立即启动火灾应急预案，组织全体员工立即赶往现场进行施救，同时向成都分公司、地方政府有关部门报告了事故情况。成都分公司立即派仓储处负责同志赶往事故现场。

地方消防部门于 11 时 40 分赶到火灾现场，利用高压水枪扑救，切割彩钢板屋面阻止火势蔓延。但由于屋面局部锈蚀严重，在救援过程中，有火星掉落到仓房内部，引起仓内塑料薄膜燃烧（塑料薄膜设置在仓内顶部，用于弥补老旧仓顶锈蚀后的防水效果），后被消防人员发现并扑灭。12 时 10 分火灾被全部扑灭，粮食未发生过火或水淋。

三、事故原因分析

经事后调查分析，着火原因如下：

1. 施工作业人员为抢施工进度，忙于收尾验收，安全意识出现了松懈。

2. 施工人员违反了作业操作规程，在基层处理剂没有完全干燥的情况下，进行热熔作业，导致防水卷材底部的基层处理剂燃烧。

3. 着火点位于防水卷材底部，没有被及时发现，且干粉灭火器无法有效扑灭火源，造成防水卷材大面积阴燃。

4. 成都库现场监管人员对施工工艺不了解，没有及时发现和制止施工人员违规行为。

四、事故责任追究

该事件主要系施工人员在施工作业中疏忽大意造成火灾事故，施工方承担事件全部责任和经济损失；成都直属库监督管理不到位，承担相应监督管理责任。成都直属库与施工方签订了责任划分确认书，由施工方承担全部责任和经济损失；同时按照相关规定对相关责任人进行通报批评并作如下处理：成都直属库总经理和书记负领导责任，分别给予2000元经济处罚；分管副总经理负监督责任，给予3000元经济处罚；仓储科长（项目现场负责人）负主要责任，给予3000元经济处罚；综合科长负相应安全生产工作责任，给予1000元经济处罚。

五、整改防范措施

（一）成都分公司相关整改防范措施

1. 向辖区各直属企业下发通知，要求做好仓房维修和新建项目施工安全管理。

2. 召开了辖区安全生产视频会议，通报了成都直属库火灾事故有关情况，要求全辖区直属企业吸取火灾教训，举一反三，在做好安全重点检查的同时，进一步加强施工安全隐患排查治理，并责成成都直属库向分公司作出书面检讨。

3. 分公司成立检查组，由分管领导带队，对成都、金堂、青白江建仓项目等安全管理进行了重点抽查。

（二）成都直属库相关整改防范措施

1. 汲取教训，深刻反思，加强全员教育培训。成都直属库召开全体员工大会通报批评了此次火灾事故，并进行了安全再教育。

2. 加强现场监督管理增强安全防范措施，加强现场监督管理人员力量，加派人手对防水改造作业粮仓进行值守和巡查，严格执行领导带班、24小时值班制度，杜绝此类事故再次发生。

3. 组成三个检查组对辖区租罐和代储库点安全工作进行再检查。

4. 责成施工方按照设计要求和施工规范，对损坏的屋面彩钢板进行恢复。

第二节　粮堆埋人事故

案例一：河南商丘直属库“12·14”粮堆埋人事故

2013 年 12 月 14 日，中央储备粮商丘直属库有限公司（以下简称“商丘直属库”）发生一起粮堆埋人事故，造成 1 名外包装卸工人死亡，直接经济损失约 50 万元。

一、事故经过及救援情况

2013 年 12 月 14 日，河南省商丘直属库 9 号仓最低收购价小麦出库过程中，现场作业保管员孙某在 9 号仓监仓，9 号仓原仅 1 名女装卸工马某在出库作业，孙某立即电话联系该装卸队组长沈某，要求增派装卸人员，装卸队随即增派了 1 名女装卸工翟某前来 9 号仓作业，孙某当场告诫 2 名女装卸工拆卸挡粮板一定要注意安全。当日 17 时 10 分，孙某听到 9 号仓内传出“救人”的呼喊声，立即与其他装卸人员田某、何某、李某从仓梯爬进 9 号仓，发现装卸工马某因进仓拆卸挡粮板，不慎跌入粮坑。孙某等人立即进行施救，一边用手往外扒粮食救人，一边叫人拨打 119、120、110 报警电话。当日库内值班人员靳某、王某等火速赶往事故现场，在当班领导副主任张某、陈某指挥下，迅速启动突发事故应急预案，立即成立事故现场应急指挥部，10 分钟之内联系 2 辆挖掘机到库施救，半小时之内消防人员、医护人员、公安人员全部到位进行施救。17 时 35 分，抢救出被埋装卸工马某上半截身体，并立即为其输上氧气，同时采用切割机割断挡粮板、液压钳等多套方案继续施救，直到 19 时 05 分将人完全救出，经抢救无效死亡。

二、事故原因分析

根据河南省商丘市梁园区安全生产监督管理局对事故调查认定，事故原因如下：

（一）直接原因

装卸工马某在卸挡粮板时违反安全生产操作规程（未关闭出粮口停止出粮），且未佩戴劳动防护用品（安全绳）。

（二）间接原因

装卸队负责人魏某未建立健全本单位安全生产责任制，没有组织制定本单位安全生产规章制度和操作规程，没有安全生产意识，没有发现并及时消除安全生产事故隐患。

三、事故责任追究

河南省商丘市梁园区安全生产监督管理局虽然认定装卸队承担事故主要责任，但商丘直属库在安全管理中仍存在漏洞。按照从严治企要求，河南分公司对事故相关责任人作出如下处理：

1. 扣罚商丘直属库当年 5% 年度绩效奖金。

2. 对商丘直属库主任给予通报批评。

3. 对商丘直属库当天带班领导给予警告处分，扣发 3 个月绩效奖金。

4. 对商丘直属库主管仓储工作副主任给予记过处分，扣发 3 个月绩效奖金。

5. 对商丘直属库仓储科负责人给予记大过处分，扣发 6 个月绩效奖金。

6. 对商丘直属库作业现场监管人员给予留用察看处分，扣发 6 个月绩效奖金。

四、整改防范措施

1. 建立健全本单位安全生产责任制，组织制定本单位安全生产规章制度和操作规程，及时对聘用人员进行安全知识教育和培训，及时发现并消除生产安全事故隐患。

2. 进一步加强劳务外包作业安全生产管理工作，并与装卸队签订安全生产管理协议。

3. 对辖区仓储、装卸企业进行一次安全生产大检查，认真排查消除事故隐患，严防各类事故发生。

案例二：淮安直属库洪泽收纳库“1·24”粮堆埋人事故

2014 年 1 月 24 日，中央储备粮淮安直属库有限公司洪泽收纳库（以下简称“洪泽收纳库”）发生一起粮堆埋人事故，造成 1 名装卸人员窒息死亡。

一、事故经过及救援情况

2014 年 1 月 24 日上午，江苏省淮安市洪泽收纳库 9 号仓正在进行小麦轮换出库作业任务。作业前，该库负责人孙某向保管员和装卸工进行现场安全告知，安全员尹某检查机电设备安全运行正常，相关人员填写安全作业单。7 时 30 分，9 号仓北门开始出库作业。8 时 50 分，9 号仓南门开始出库作业。9 时 20 分，装卸工李某、王某、孙某三人在 9 号仓内，检查粮门附近粮食出库情况，李某一人未系安全绳，自行去南门不慎滑入出粮口，并被小麦覆盖，孙某伸手施救但未成功，随即作业人员关闭出粮口，保管员洪某立即关闭机器，及时喊人开始施救。该库负责人孙某立即组织员工刘某、尹某及全体装卸工展开营救，同时分别拨打 110、119 和 120 电话求救，该库所在地江苏省淮安市洪泽县岔河镇派出所及时出警到现场，119、120 随后赶到。消防队员用切割机将挡粮板切开后，于 10 时 30 分将李某救出，并迅速由 120 急救人员进行现场处置后送医院抢救，后经抢救无效，宣布李某死亡。

二、事故原因分析

根据洪泽县安全生产监督管理局对事故调查认定，事故原因如下：

（一）直接原因

装卸人员李某在卸挡粮板时违反安全操作规程（未关闭出粮口停止出粮），且未佩戴劳动防护用品（安全绳）。

（二）间接原因

1. 洪泽县岔河镇前进双桥装卸队未落实安全生产主体责任，未按照安全生产规章制度和操作规程定期组织安全培训，未发现且未及时消除安全生产事故隐患。

2. 洪泽收纳库现场管理人员在作业现场未对照《粮食出入库安全作业单》，对作业前安全告知项目把关不严，对拆除人员未系安全绳，没有进行及时阻止。

三、事故责任追究

（一）地方安监部门处理意见

1. 洪泽县安全生产监督管理局按照《生产安全事故报告和调查处理条例》（国务院令 493 号）第三十七条规定，对洪泽县岔河镇前进双桥装卸队实施行政处罚。

2. 鉴于直接责任人李某已经死亡，建议不再追究责任。

3. 建议中央储备粮淮安直属库按照企业相关规定给予洪泽收纳库点负责人、9 号仓 2 名保管员行政处分。

（二）江苏分公司处理意见

1. 扣发淮安直属库领导班子 2014 年 5% 的绩效奖金。

2. 对淮安直属库主任给予通报批评。

3. 对分管安全工作的主任助理给予警告处分。

4. 对淮安直属库洪泽收纳库负责人给予记大过处分，并扣发 2014 年 6 个月绩效奖金。

5. 对淮安直属库洪泽收纳库 9 号仓 2 名保管员予以辞退。

四、整改防范措施

1. 认真贯彻“安全第一、预防为主、综合治理”的方针，加强对外包作业人员安全教育、培训与管理。

2. 严格落实作业过程中的安全提示，及时纠正违规行为。

3. 强化员工的安全教育培训，提高员工安全意识，并全面排查和整改事故隐患，杜绝各类事故的发生。

案例三：邳州收储公司炮车库“6·27”粮堆埋人事故

2014 年 6 月 27 日，邳州中储粮收储经销公司邳州市炮车粮管所（以下简称“粮管所”）发生一起粮堆埋人事故，造成 1 名装卸工人死亡。

一、事故单位概况

2010 年 6 月，江苏省徐州市邳州直属库投资 1500 万元与邳州市粮食局合资成立了邳州中储粮收储经销公司，邳州直属库控股 70%，邳州市粮食购销公司控股 30%。公司实行董事会领导下的总经理负责制，董事长由邳州直属库法人代表兼任，董事会聘任 1 名总经理，1 名副总经理。总经理由邳州直属库领导担任，副总经理由粮食局购销公司人员担任。公司下辖 15 个粮库（炮车粮库是其中之一），在岗员工 116 人，其中 9 人为邳州直属库员工，107 人为邳州市粮食购销公司合同制员工。

二、事故经过及救援情况

2014 年 6 月 27 日上午，邳州市炮车粮管所根据邳州市粮食局要求，对市级储备小麦进行出库作业。8 时 30 分，该粮管所主任闫某、保管组长兼安全员汤某（均为邳州市粮食购销公司员工）按粮食出库规范要求，进行 2 号仓出仓前的准备工作，并通知邳州市丰圣装卸搬运有限公司（以下简称“丰圣搬运公司”）安排装卸力量。在告知装卸人员安全生产和操作规程后，保管组长汤某、装卸人员和主任闫某分别在出库作业单上签字。9 时 30 分，2 号仓小麦开始出库，现场装卸工为丰圣搬运公司派出的宋某、艾某。11 时 10 分左右，宋某、艾某清理上层挡粮板；宋某违反操作规程，擅自解开安全带，被粮食掩埋。艾某和汤某一边进行抢救，一边电话向主任闫某报告。闫某赶到现场，立即组织人员、铲车等抢救被掩埋的宋某，同时拨打120、110、119报警求援。当地派出所干警、120医护人员、消防队员先后到达现场，消防队员利用专业设备切割挡粮板，开展抢救。12时20分左右，宋某从粮堆中救出，经送医院抢救无效死亡。

三、事故原因分析及责任认定

经邳州市安全生产监督管理局认定，事故原因如下：

（一）直接原因及责任认定

宋某在未采取任何安全防护措施的情况下，违规进库作业，被粮食掩埋，是这起事故的直接原因，宋某对这起事故的发生负主要责任。

（二）间接原因及责任认定

1. 丰圣装卸搬运公司安全管理不到位，未认真履行装卸合同中对安全生产的相关规定。对5月7日邳州中储粮收储经销公司安全警示告知书中的要求，未引起足够重视，未认真履行装卸合同。在作业过程中违章作业，未进行员工三级安全教育培训，作业现场无安全监管人员，是这起事故发生的间接原因。

2. 邳州收储经销公司在5月7日对炮车粮管所下发了安全警示告知书，但对有关要求督促检查不到位，存在安全告知不严、管理有盲区等问题。

四、事故责任追究

（一）地方安监部门处理意见

1. 邳州市丰圣装卸搬运有限公司除承担赔偿责任外，依照《生产安全事故报告和调查处理条例》第三十七条第一款第一项之规定，建议由市安全生产监督管理部门对其进行经济处罚。

2. 当事人宋某在未采取任何安全防护措施的情况下，违规进库作业，应负主要责任，介于宋某已在事故中死亡，不再追究其主要责任。

3. 建议邳州中储粮收储经销公司对其炮车粮管所负责人进行通报批评。

4. 建议邳州中储粮收储经销公司给予现场管理员行政处分。

（二）南京分公司处理意见

1. 扣发邳州直属库时任领导班子 2014 年 5% 的绩效奖金。

2. 对邳州直属库主任给予通报批评。

3. 对邳州直属库原分管安全工作副主任进行诫勉谈话。

4. 责成邳州直属库对委派担任邳州收储公司的总经理给予行政记大过处分，并扣发 2014 年 6 个月绩效奖金。

5. 责成邳州直属库商邳州市粮食局对邳州收储公司相关责任人员作出严肃处理。

（三）邳州直属库和邳州市粮食局处理意见

1. 给予邳州收储公司总经理记大过处分，并扣发 2014 年 6 个月绩效奖金。

2. 给予邳州收储公司分管安全副总经理警告处分。

3. 免去炮车粮管所主任职务。

五、整改防范措施

1. 加强合资公司和收纳库点管理。近期再组织一次拉网式安全检查，力争全面消除安全隐患。

2. 举一反三，进一步加强建库安全、熏蒸作业安全、防汛安全等安全生产工作，坚决杜绝各类安全生产责任事故发生。

3. 加强小麦、玉米出入库现场管理，完善“四单”作业手续，完善应急处置预案和措施，加大现场监督处理力度。

4. 督促装卸公司加强对人员岗前技能培训和日常安全教育，提高员工的安全意识、操作技能和自我保护能力。

5. 强化安全防护措施。合理布置操作步骤，优化作业流程，做到每个程序都不能减少，消除因作业布置不合理而产生的安全隐患。

6. 加大安全督促检查力度，建立健全安全生产奖惩措施，将安全工作与经济奖罚直接挂钩，从而有效激发员工对安全生产的自觉性和积极性，在每个库点都形成一个安全工作层层落实、人人有责的良好安全局面。

案例四：哈尔滨龙达货物装卸公司“3·23”粮堆埋人事故

2016 年 3 月 23 日，哈尔滨市龙达货物装卸有限公司（以下简称“龙达公司”）在中央储备粮哈尔滨直属库进行粮食出仓作业时，发生一起粮堆埋人事故，造成 1 名装卸工人死亡。

一、事故发生单位及劳务外包情况

（一）事故发生单位概况

龙达公司成立于 2013 年 7 月 15 日，注册地点为黑龙江省哈尔滨市香坊区公滨路 59 号 2 单元 103 号；企业法定代表人：倪某；注册资金：200 万元整；公司类型：有限责任公司；营业执照注册号：230106100060995；经营范围：装卸、搬运，劳务服务；年平均用工 50 人。

（二）劳务外包协议概况

合同名称：劳务外包协议书；合同编号：201514；甲方：中储粮，乙方：龙达公司；协议有效期2015年7月1日至2016年6月30日；劳务承包内容：粮食搬运、装卸、修补资材，烘干车间生产等作业，库房及办公室卫生清扫，外租库保管服务及其他劳务服务；承包费结算与支付：承包费有计件、计量承包费和固定数额承包费两种形式（承包费包括人工费、设施设备使用费等直接费用及管理费、税收、社保、利润等间接费用），甲方在每月10日前将承包费转入乙方指定的银行账号，乙方必须开具相应金额劳务费发票；合同乙方权利和义务中第八条规定，劳务人员在甲方工作期间发生工伤、职业病、意外伤害、疾病等一切伤亡事故，乙方应按照《劳动法》等法律法规规定承担用人单位的责任。

二、事故经过及救援情况

2016年3月23日上午，中储粮哈尔滨直属库仓储科科长齐某安排安全员郑某给龙达公司下达10号仓粮食出库任务。郑某找到仓库保管员徐某和龙达公司生产作业负责人赵某，对出粮作业进行了工作部署。10号仓长100米，宽30米，存储玉米1万余吨，仓内周围用袋装玉米做护粮围挡，中间为散储玉米，散储玉米高5.5米。仓库为东西走向，在仓库南北两侧分别有两个出粮口，此次出粮作业位于南侧东边出粮口。按照赵某安排，龙达公司一排排长周某带领本公司装卸工娄某进入仓库内，先是清理玉米上方的杂物，然后再将出粮口附近护粮袋里的玉米倾倒在出粮口处。保管员徐某和装卸工张某，在库外负责开启出粮口的插门，同时看护扒粮机作业情况。12时35分，周某在仓内粮面上一边倾倒护粮袋里的玉米，一边告诉仓外张某打开出粮口插门。张某打开出粮口的插门，仓内玉米倾泻而出，致使仓内正在倾倒玉米的娄某脚下失稳，滑落到倾泻的散储玉米之中，被玉米掩埋。事故发生后，周某立即联系仓外人员停止出粮作业，并同时展开了救援工作。14 时，娄某被救出，经 120 医护人员现场确认，娄某死亡。

三、事故原因分析

经香坊区安委会认定，事故原因如下：

（一）直接原因

龙达公司未认真执行粮食出库作业规章制度，在仓库内人员没有出仓的情况下，开启出粮口插门进行出粮作业，致使库内作业人员滑落到流动的玉米之中，被玉米掩埋。

（二）间接原因

1. 安全管理措施不到位，安全管理人员责任心不强，未及时发现和纠正作业人员的违章作业行为。

2. 安全教育不到位，从业人员不了解、不掌握作业场所存在的危险因素、防范措施以及事故应急措施，未按照规定的培训课时，对从业人员进行集中培训，安全员无资格证上岗。

3. 仓库保管员未认真履行工作职责，对劳务外包单位的作业活动未进行统一的协调和管理，放松甚至放弃安全监管，未及时制止作业人员的违规行为。

四、事故责任追究

（一）地方安监部门处理意见

周某，龙达公司装卸一排排长。责任心不强，违章指挥工人在仓库出粮口已打开的情况下，在粮面上倒粮袋作业，违章指挥、冒险作业的行为，导致此起事故的发生，对此起事故负直接领导责任。其行为建议由公安机关对其立案侦查。

倪某，龙达公司法定代表人。在实际工作中，未依法履行安全生产管理职责，未组织本单位职工学习和遵守中储粮的安全生产规章制度和操作规程，未组织制定并实施本单位的安全生产教育和培训计划，未督促检查本单位安全生产工作、对职工习惯性违章行为没能及时发现和制止，对此起事故发生负主要领导责任。以上行为违反了《安全生产法》第十八条第二项、第三项、第五项之规定，依据《安全生产法》第九十二条第一项之规定，建议处上一年年收入百分之三十（即 33000 元）罚款的行政处罚。

徐某，中储粮 10 号仓保管员。安全意识差，责任心不强，未能认真履行安全管理职责，对作业人员违章冒险作业行为制止不力，在此起事故中有失职之责。以上行为违反了《安全生产法》第二十二条第六项之规定，依据《安全生产违法行为行政处罚办法》第四十五条第一项之规定，建议处 9000 元罚款的行政处罚，并依据《安全生产领域违法违纪行为政纪处分暂行规定》第十二条第七项之规定，建议给予记过处分。

郑某，中储粮仓储科兼职安全员。未取得安全管理人员资格证书，缺乏相应的安全生产知识和管理能力，工作中未认真履行工作职责，未及时发现事故隐患，未提出改进安全生产管理的建议，对此起事故负直接管理责任。以上行为违反了《安全生产法》第二十二条第五项、第二十四条第一款之规定，依据《安全生产违法行为行政处罚办法》第四十五条第一项之规定，建议处 9000 元罚款的行政处罚。

牟某，中储粮综合科科长。作为中储粮安全生产管理机构的负责人，对安全生产工作重视不够，安排未取得安全管理人员资格证书人员从事安全生产管理工作，未按规定如实记录安全生产教育和培训情况，未及时发现事故隐患，未提出改进安全生产管理的建议。以上行为违反了《安全生产法》第二十二条第二项、第五项之规定，依据《安全生产违法行为行政处罚办法》第四十五条第一项之规定，建议处5000元罚款的行政处罚。

（二）黑龙江分公司处理意见

对哈尔滨直属库主任和分管安全工作的库领导分别给予5000元和10000元的经济处罚，对领导班子进行警示谈话，并在辖区内进行通报批评。

五、整改防范措施

黑龙江分公司在事故发生后，及时下发事故情况通报，要求各直属企业深刻吸取教训，引以为戒，举一反三，以问题为导向，按照总公司、分公司有关规定，全面进行安全生产隐患排查治理工作，突出加强对生产作业现场的安全管理。

1. 加强安全生产培训教育，严格执行出入库作业单制度，在生产作业前要对作业人员进行设备使用、作业流程、危险点防控和事故应急处理等方面的现场交底和培训。

2. 加强现场作业过程的安全监管工作，安全员、保管员等对劳务作业人员违规操作、违章作业和酒后上岗等行为要坚决制止。

3. 加强安全生产事故的应急处置工作，制定好现场应急处置方案，做到一旦发生事故能够在第一时间有效施救。

4. 加强责任追究，对事前不培训、不提示，作业中疏于监管等问题，要对相关责任人进行严厉处罚。

案例五：银川直属库贺兰分库“7·5”粮堆埋人事故

2017 年 7 月 5 日，中央储备粮银川直属库贺兰分库（以下简称“贺兰分库”）进行玉米出库作业时，发生一起粮堆埋人事故，造成 1 名装卸工人死亡。

一、事故单位及劳务外包情况

（一）事故单位情况

1. 贺兰县晨辉装卸有限公司（以下简称“装卸公司”）成立于 2015 年 3 月 13 日，公司地址：宁夏回族自治区贺兰县马家寨 109 线东侧金福苑小区 11 号楼 2 号营业房。企业类型为一人有限责任公司（自然人独资），法定代表人：陈某；注册资本：500 万元整；经营范围：货物装卸、货物信息咨询服务。

2. 贺兰分库位于宁夏回族自治区贺兰县金贵镇，建于 2011 年，占地 143 亩，仓容 ** 万吨，仓房配备有智能通风等储粮设施，是机械化作业程度较高的国有粮库，储粮 ** 万吨，分别有玉米、小麦、稻谷三大品种。

（二）仓储作业外包情况

2017 年 4 月 1 日，银川直属库与装卸公司签订仓储作业外包合同，将小麦、玉米（或稻谷及油脂）的装卸任务发包给装卸公司。合同履行地：银川直属库、贺兰分库等。合同有效期为 1 年，自 2017 年 4 月 1 日至 2018 年 4 月 1 日止。合同中约定“装卸公司应督促其工作人员（装卸工人）严格按照搬运装卸操作规程进行作业，装卸工人在粮库工作或非工作期间发生的伤亡及意外事故等责任均由装卸公司自行承担。”

二、事故经过及救援情况

2017 年 7 月 3 日中午 12 时许，贺兰分库副主任陈某军接到银川直属库调出贺兰分库 5 号仓玉米的通知。7 月 4 日，陈某军先告知仓库保管组长王某和 5 号仓保管员金某 5 号仓玉米要出库。同日，陈某军打电话通知装卸公司总经理陈某光 7 月 5 日出 5 号仓玉米。陈某光将任务安排给装卸带班班长刘海某。7 月 5 日早晨 7 时许，刘海某带着装卸工人刘建某和冉某到达 5 号仓库，将设备拉到现场摆放整齐，设备线路正常通电。8 时 30 分许，5 号仓保管员金某到现场，打开 5 号仓库门，装卸工 3 人进入仓内，起测温线。金某将拆下的塑料膜、撕掉窗户上的薄膜送到器材室，于 9 时 40 分回到 5 号仓。上午 11 时许，扒谷机开机出粮作业时，刘建某和冉某都在仓内倒麻袋里的玉米，刘建某在挡粮门西侧出粮口，冉某在东侧出粮口，刘海某在仓外扒谷机右侧，突然挡粮门门板崩开，玉米从崩开的门板滑下，滑落的玉米将刘建某掩埋，带班班长刘海某呼喊救人，与冉某、货车司机扒开玉米救刘建某，刘海某开铲车把崩开的门板下面两层门板顶开，陈某军、金某等人赶到一起扒玉米，将刘建某的头部、胸部扒出来，当时刘建某背靠挡粮门站立，面向仓内。金贵派出所和德胜消防中队赶到与工人一起扒开玉米，救出刘建某，经金贵卫生院与贺兰县急救中心抢救无效死亡。

三、事故原因分析

经贺兰县政府事故调查组认定，事故原因如下：

（一）直接原因

装卸公司装卸工人违章作业，是导致这起事故发生的直接原因。

（二）间接原因

1. 装卸公司未认真履行生产经营单位安全生产管理职责，对装卸工人岗位安全操作规程和安全操作技能的教育和培训不到位；作业现场安全管理不到位，在出库作业时，带班人员未及时制止装卸工违章操作。

2. 贺兰分库对外包单位履行装卸任务安全生产责任监管不到位。

四、事故责任追究

（一）地方安监部门处理意见

1. 装卸公司未制定安全生产责任制度，从业人员安全教育和培训不到位，在出库作业时，现场安全管理不到位，装卸工人违反操作规程，对事故发生负有主要责任，其行为违反了《中华人民共和国安全生产法》第二十五条、第四十一条的规定，根据《中华人民共和国安全生产法》第一百零九条第一款的规定，建议对装卸公司处以 20 万元罚款的行政处罚。

2. 贺兰分库对外包单位履行装卸任务安全生产责任监督不到位，安全生产管理职责落实不到位，未及时制止外包单位违章作业行为，对事故发生负有管理责任，其行为违反了《中华人民共和国安全生产法》第四十六条的规定，根据《中华人民共和国安全生产法》第一百条的规定，建议对贺兰分库处以 10 万元罚款的行政处罚。

3. 装卸公司装卸工刘建某，在玉米出库作业过程中，违章作业，应对此次事故负直接责任，鉴于本人已在事故中死亡，免于责任追究。贺兰县晨辉装卸有限公司带班班长刘海某，未认真履行安全生产管理职责，未认真检查现场的安全生产状况，未阻止装卸工人违章作业，应当承担管理责任，建议对刘海某处以 5000 元罚款的行政处罚。

4. 银川直属库分管安全生产副主任（贺兰分库临时代管主任）、贺兰分库分管安全生产副主任、贺兰分库分管仓储安全副主任、贺兰分库仓库保管组长、贺兰分库5号仓库保管员等相关责任人，未认真履行相关安全管理职责，建议分别处以2000元至5000元罚款的行政处罚。

（二）分公司和直属企业处理意见

1. 对银川直属库领导班子在分公司辖区内通报批评，责成银川直属库主任向分公司党组作出书面检查，给予事故发生时贺兰分库临时代管主任、银川直属库副主任记过处分，给予贺兰分库主任诫勉谈话处理。

2. 贺兰分库分管安全生产副主任（正科级），未认真履行安全生产管理职责，未认真组织或者参与分库安全生产教育和培训，承担管理责任，给予降职处分。

3. 贺兰分库分管粮食安全副主任（副科级）未认真履行安全生产管理职责，出库作业时现场监管不到位，承担管理责任，给予撤职处分。

4. 贺兰分库仓库保管组长，安全管理人员职责履行不到位，安全生产管理不到位，应当承担管理责任，给予降级处分。

5. 贺兰分库5号仓保管员，现场安全管理人员职责履行不到位，现场安全管理不到位，承担管理责任，给予开除（解除劳动关系）处分。

五、整改防范措施

西安分公司党组高度重视，认真吸取事故教训，举一反三，深刻反思企业在安全管理方面存在的薄弱环节，立即组织辖区开展隐患排查治理工作，彻底消除共性隐患问题，坚决防止类似事故再次发生。

1. 认真贯彻《中华人民共和国安全生产法》《宁夏回族自治区安全生产条例》及行业部门相关的法律法规，严格执行安全管理法律、法规和规章，落实安全生产主体责任。

2. 认真履行安全生产管理职责，完善安全生产规章制度、岗位操作规程和责任制，落实安全生产全员责任制，按照责任区域划分管理责任，促进全员自觉提升安全生产责任意识。

3. 认真落实本库人员、外包项目作业人员的安全教育和岗位技能培训，保证员工具备必要的安全生产知识，熟悉有关的安全生产规章制度和安全操作规程，掌握本岗位的安全操作技能，定期开展安全生产警示教育培训及防火演练，全面排查安全隐患，做到安防、人防、技防，且培训必须覆盖外包作业人员。

4. 认真做好对外包单位的安全管理，切实加强外包项目的日常监管和作业现场的安全管理，健全完善责任体系和监管体系，确保安全生产主体责任落到实处。

案例六：建三江农垦明辉劳务公司“11·18”粮堆埋人事故

2016 年 11 月 18 日，黑龙江省建三江农垦明辉劳务有限公司（以下简称“明辉公司”）在中央储备粮建三江直属库前锋分库（以下简称“前锋分库”）进行出粮作业时，发生一起粮堆埋人事故，造成 1 名劳务人员死亡，直接经济损失 122.46 万元（费用由明辉公司赔付）。

一、事故单位及劳务外包情况

（一）明辉公司基本情况

明辉公司为有限责任公司（自然人投资或控股），住所位于黑龙江省佳木斯市富锦市三江宜和园小区 S5 号楼 13 号门市，注册资金 200 万元整。法定代表人李某雪，实际控制人李某宾。经营范围为货运装卸和搬运服务、汽车货物运输（不含危险品）。

（二）前锋分库基本情况

前锋分库属于中央储备粮建三江直属库，位于前锋农场第九管理区，在册员工 15 人，设有仓储保管、业务和综合 3 个科室，负责人宋某。发生事故的为 45 号露天囤（储存 2012 年最低收购价稻谷），囤体直径 12 米、高 5 米，外围为可拆卸钢筋骨架结构，内衬草帘苇帘，顶部为苫盖苇苫等防雪材料的锥体。

（三）劳务外包情况

2016 年 5 月 1 日，明辉公司与建三江直属库签订了劳务外包协议，由明辉公司承担前锋分库的粮食出入仓、搬运、装卸、烘干、卫生清扫、外租库保管及其他劳务服务等。一般情况下，明辉公司在前锋分库安排 25 人从事劳务作业。

二、事故经过及救援情况

2016 年 11 月 17 日下午，宋某在前锋分库仓储保管科审批了仓储保管科长李某忠、前锋分库保管员张某（实为明辉公司人员）提出的 45 号露天囤储粮作业审批单和用工申请。18 日 7 时 30 分许，宋某、李某忠、张某在 45 号露天囤现场，对明辉公司刁某、陈某、郭某等 7 名劳务人员进行了安全教育。随后明辉公司劳务人员登上粮囤顶部拆除苇苫等防雨雪材料，在距囤底 50 厘米上方分东南西北 4 个方向开设边长为 20 厘米的方形放粮口，自流出粮至带式输送机输送至运输车辆上。12 时 30 分后，在出粮作业的同时，高某等 4 人又登上粮囤进行清理草帘苇帘、拆除钢筋骨架作业。12 时 50 分许，在北侧出粮口上方未佩戴安全带的高某不慎随粮滑落，被松散流动的水稻掩埋。陈某、郭某等人发现后立即呼救并进行救援。负责现场监护的张某在附近听到呼喊声后，立即赶到现场组织人员进行救援，并电话通知李某忠和拨打了 120 电话。约 10 分钟许将高某救出后，张某立即对其进行心肺复苏，120 救护人员到达现场后将高某送往前锋农场医院。经抢救无效，高某于 13 时 10 分许死亡。

三、事故原因分析

经黑龙江农垦总局安监部门认定，事故原因如下：

（一）直接原因

高某违反操作规程及安全管理规定，在未佩戴安全带的情况下违章进入粮囤进行作业。

（二）间接原因

1. 明辉公司未依法认真履行安全生产主体责任，安全教育缺乏针对性，致使劳务人员不清楚作业中的危险有害因素和应采取的个体防护措施，导致违章作业行为的发生。

2. 明辉公司安全管理制度、操作规程落实不到位，现场负责人责任意识不强、监护不到位，没有及时发现和制止作业人员的违章行为。

3. 前锋分库未认真履行安全管理职责，未对劳务外包单位的作业活动实施有效的协调和管理，未及时制止作业人员违章行为，现场安全管理不到位。

四、事故责任追究

（一）地方安监部门处理建议

1. 明辉公司未依法认真履行安全生产主体责任，未落实安全生产管理制度及操作规程，未及时制止从业人员违反操作规程作业行为。给予明辉公司 30 万元罚款，并将其纳入安全生产诚信“黑名单”在媒体进行公示。

2. 明辉公司前锋分库劳务一队负责人，未认真履行安全生产管理职责，作业现场管理不到位，未能及时消除事故隐患，对事故发生负有主要管理责任。给予3000元罚款。

3. 明辉公司实际控制人，未认真履行安全生产管理职责，督促检查安全生产工作不力，对事故发生负有重要领导责任。给予上一年年收入30%即12600元罚款。

4. 前锋分库保管员，未认真履行作业现场安全管理职责，未及时发现并制止从业人员违章行为，对事故发生负有重要责任，处以3000元罚款。

5. 前锋分库仓储保管科科长，对出粮作业人员安全管理不到位，作业过程中安全检查不到位，对事故的发生负有重要领导责任，处以3000元罚款。

6. 前锋分库主任，未认真履行安全生产管理职责，督促检查安全生产工作不力，对事故发生负有重要领导责任，处以3000元罚款，同时建议中储粮总公司黑龙江分公司给予其记过处分。

（二）分公司处理意见

1. 对建三江直属库主任处以8000元罚款，对前锋分库主任处以10000元罚款，并给予记大过处分。

2. 责成建三江直属库对前锋分库保管员张某退回劳务公司，对前锋分库仓储保管科科长处以5000元罚款。同时，对建三江直属库领导班子进行警示谈话，并在辖区内予以通报批评。

五、整改防范措施

黑龙江分公司高度重视，认真吸取事故教训，结合辖区去库存工作，立即组织开展安全生产隐患排查治理和岗前安全培训教育工作，切实做好作业现场安全管理工作，坚决防止类似事故再次发生。

1. 严格执行出入库生产作业单制度。出入仓作业要制定严密的出入仓作业方案，认真分析作业过程中的危险源、风险点，做好防控和事故应急处置预案，做到事故第一时间有效施救。出入仓作业要全程有安全监管员在现场进行监督管理，关键时间（作业开始），重点作业环节（拆囤、卸挡粮板等）分管领导或仓储科长要在现场监督指导。

2. 严格落实分公司安全生产“三项制度”，强化作业人员安全意识和安全技能的提高。加强作业人员安全教育培训工作，要在每次出粮、装车等作业前，进行岗前安全教育和提示，签字留痕。加强现场作业过程的安全监管巡查工作，特别对早晨上班和午后继续作业等重要时点要重点巡查，对作业期间要随时巡查，对安全员、保管员不认真履行监管责任，现场作业人员违规操作、违章作业和酒后上岗等行为要坚决制止，严肃处理。

3. 强化责任追究。对岗前不培训、不提示，主管领导、仓储科长、安全员、保管员等在作业中疏于监管，发现问题不制止，重大安全隐患排查整改不到位等问题，要按照有关规定进行严厉处罚。

案例七：营口台安新开河粮食储备库“1·14”粮堆埋人事故

2016 年 1 月 14 日，台安县新开河粮食储备库（以下简称“新开河粮库”）发生一起粮堆埋人事故，造成 2 名劳务人员死亡，直接经济损失 200 万元。

一、事故单位情况

新开河粮库位于辽宁省鞍山市台安县新开河镇本街，是一家国有企业，为营口储运公司政策性粮食收储租赁库点。库内现有简易钢结构房式仓 6 座，设计仓容 ** 万吨，钢筋囤结构烘前仓 12 座。

二、事故经过及救援情况

2016 年 1 月 14 日 19 时，新开河粮库卸粮工张某、郝某卸完粮后，张某来到烘前仓（仓容量 400 余吨）旁休息。20 时左右，该库钢筋囤结构烘前仓爆裂，导致仓内粮食瞬间外流，将张某掩埋在玉米堆内。事故发生后，该库立即组织人员展开救援，于 21 时将张某救出，送至台安县恩良医院进行抢救。张某经抢救无效后死亡。次日，发现电工宋某没有上班，拨打电话无人接通，企业又组织人员二次搜救。于 1 月 15 日 10 时左右，发现宋某也被掩埋在玉米堆内，经 120 救护人员确认宋某死亡。

三、事故原因分析

经台安县政府事故调查组认定，事故原因如下：

（一）直接原因

新开河粮库烘前仓为网状钢筋结构，外部用彩钢板封闭，仓容量 400 余吨。该烘前仓网状钢筋结构焊接质量差，在粮仓内部张力的作用下焊口开焊，网状钢筋结构瞬间遭到破损，仓内的粮食坍塌，导致事故发生。

（二）间接原因

新开河粮食储备库在建设储备库烘前仓时，未按规定建设项目安全设施与主体工程同时设计、同时施工、同时投入生产和使用；生产安全事故隐患排查治理不到位，未采取有效的技术、管理措施，及时发现并消除事故隐患；未将作业场所和工作岗位存在的危险因素如实告知从业人员。台安县粮食局对新开河粮库安全生产监督管理工作不到位，台安县新开河镇政府对新开河粮库安全生产监督检查工作不到位，是导致该起事故发生的间接原因。

四、事故责任追究

地方政府事故处理建议

1. 台安县新开河粮食储备库安全管理工作严重缺失，是该起事故的责任单位，违反《安全生产法》第二十八、第三十八、第四十一条规定，事故发生后，未按规定时间上报事故信息，造成事故迟报，违反《生产安全事故报告和调查处理条例》（493 号）规定，依据《安全生产法》第一百零九条第一款规定，建议县安全生产监督管理部门给予行政处罚款 50 万元。

2. 台安县新开河粮食储备库主任是该企业安全生产第一责任人，落实安全生产责任制不到位，未按规定时间上报事故信息，造成事故迟报，在该起事故中负领导责任。依据《生产安全事故报告和调查处理条例》（493 号）第三十五条第二款之规定，建议县安全生产监督管理部门，给予其上年年收入 50% 的罚款，执行行政处罚 21000 元；建议台安县粮食局依照有关规定给予行政记过处分。

3. 新开河粮食储备库副主任，分管安全、生产工作。隐患排查治理制度不落实，对本单位员工安全教育不到位，安全管理有漏洞，在该起事故中负主要管理责任，建议新开河粮库依照有关规定给予行政撤职处分。

4. 台安县新开河粮食储备库安全员，落实安全生产责任制不到位，工作失职，在该起事故中负有监管责任。建议新开河粮库给予行政记过处分，并将其调离工作岗位。

5. 台安县粮食局安全科长，安全生产监督管理工作不到位，在该起事故中负有监管责任，建议县纪委监察局依照有关规定给予行政记过处分。

6. 新开河镇安监办主任，安全生产监督检查工作不到位，在该起事故中负有监管责任，建议县纪委监察局依照有关规定给予行政记过处分。

7. 新开河镇副镇长，分管安全生产工作，安全生产监督管理工作不到位，在该起事故中负有领导责任，建议县纪委监察局依照有关规定给予行政警告处分。

五、整改防范措施

台安县粮食局高度重视，深刻吸取事故教训，立即对全县粮食企业进行大排查、大治理工作，特别是对类似的粮仓要立即停产整改，严格行业标准，在确保安全的情况下，方可投入使用。一是按照“四不放过”的原则，认真吸取该起事故教训，举一反三，全面开展事故隐患大排查、大治理工作，及时发现和整改事故隐患；二是严格按照《安全生产法》有关规定完成建设项目安全设施的“三同时”工作；三是完善安全生产规章制度，加大对从业人员的安全教育培训工作，加强安全管理，确保安全生产。

案例八：哈尔滨市双利精米公司“2·27”粮堆埋人事故

2016年2月27日，黑龙江分公司通河直属库租仓库点哈尔滨市双利精米有限公司（以下简称“双利精米公司”）发生一起粮堆埋人事故，造成1名作业工人死亡。

一、事故单位概况

双利精米公司成立于2009年10月27日，库区位于黑龙江省哈尔滨市通河县浓河镇富强村。在2015年政策性粮食收储工作中，根据国家和总公司有关规定要求，在当地县政府推荐并出具负责监管和组织追缴可能出现违约经济损失承诺的前提下，黑龙江分公司会同当地省级有关部门共同审核认定，作为租仓库点开展粮食收储业务，双方签订了租仓合同和安全生产协议，明确划分了安全生产主体责任。事故发生时，双利精米公司正在进行自营贸易玉米烘干作业。

二、事故经过及救援情况

2016 年 2 月 26 日 15 时左右，双利精米公司工人魏某妻子打电话联系不上魏某，到公司来找魏某，听和魏某一组的谷某说 10 时左右魏某就不见了。魏某妻子和公司工人一起查看了监控录像，并没有看到魏某离开公司的画面。2 月 27 日 1 时左右，魏某亲属滕某来到公司烘干塔处，先到魏某工作的地沟看了一遍，然后到锅炉房，要求把传送带停一下，值班的卜某和滕某到地沟处把传送带关闭，用手敲击地漏，敲第一个地漏显示有粮，敲第二个地漏声音显示是空的，卜某找到平时捅粮用的 3 米左右的塑料管向上捅，感觉有异物，卜某让滕某找来镜子，将镜子放在地漏下的传送带上，用手电光照镜子，从镜子里看到地漏里露出一双脚，滕某通知魏某家属，魏某亲属任某向警方报案，和卜某一组值班的李某通知组长魏某坤、烘干塔区域负责人董某和双利精米公司法定代表人宋某，魏某的亲属来后和现场工人进行救援，两个小时左右将魏某的尸体从玉米堆里挖出，魏某已窒息死亡。

三、事故原因分析

经通河县政府部门事故调查组认定，事故原因如下：

（一）直接原因

魏某安全意识淡薄，自我保护能力差，在未采取有效安全防护措施情况下，擅自一人违规到玉米潮粮堆上方作业，以致玉米堆塌陷，导致其窒息死亡，是造成事故的直接原因。

（二）间接原因

1. 双利精米公司未认真履行安全生产主体责任，未在有较大的危险因素的生产经营场所和有关设施、设备上设置安全警示标志，企业安全生产投入不到位。

2. 双利精米公司安全教育培训不到位，安全教育培训只停留在口头讲解，未做到有计划地开展对职工的安全教育和培训并经考试后方能上岗作业，从业人员缺乏安全知识，安全生产意识淡薄，自我防护能力差。

3. 双利精米公司安全生产责任制不健全，安全生产岗位责任不够明确，未制定有效的安全生产管理制度和生产安全事故应急救援预案，部分岗位没有安全操作规程。在全县全面开展安全生产大检查期间，未按规定排查、治理安全隐患。

四、事故责任追究

（一）地方政府事故处理建议

1. 双利精米公司未认真履行安全生产主体责任，未在有较大的危险因素的生产经营场所和有关设施、设备上设置安全警示标志，未制定有效的安全生产规章制度，未建立安全操作规程；安全培训只停留在口头讲解，未做到有计划地开展对职工的安全教育和培训，从业人员缺乏安全生产知识；企业安全管理不到位，未明确有限空间安全管理职责，对魏某违章、冒险作业行为未及时有效制止，对本起事故负主要责任，建议对其处以20万元罚款。

2. 宋某，双利精米公司法定代表人。安全生产意识淡薄，未认真履行《安全生产法》规定的安全生产管理职责，未能组织健全本单位安全生产责任制和安全生产规章制度，未能有效督促、检查本单位的安全生产工作，及时消除生产安全事故隐患，对本起事故负有领导责任，建议对其处以一年年收入 30% 的罚款，如涉嫌犯罪，由公安机关依法追究刑事责任。

3. 董某，双利精米公司烘干塔区域负责人，未尽到对作业人员和作业环境的安全监督管理责任，未能及时排查安全生产事故隐患，未及时发现工人违章、冒险作业行为，对本起事故发生负有直接管理责任，建议双利精米公司免去其职务。如涉嫌犯罪，由公安机关依法追究刑事责任。

4. 杜某，双利精米公司安全生产管理人员，负责公司的生产安全工作。未认真履行安全生产管理人员职责，未有计划地组织公司员工的安全生产教育和培训；对公司安全生产监督管理和安全检查不到位，未认真检查本单位的安全生产状况，未及时排查生产安全事故隐患，对本起事故的发生负有管理责任，建议由县安全监管部门撤销其安全生产管理人员资格。如涉嫌犯罪，由公安机关依法追究刑事责任。

5. 魏某坤，双利精米公司烘干塔区生产组组长，未尽到组长职责，未认真贯彻执行厂区各种规章制度和生产操作规程，对违章行为未做到有效及时制止，对本起事故发生负有直接管理责任，建议免去其职务。如涉嫌犯罪，由公安机关依法追究刑事责任。

6. 魏某，双利精米公司工人，安全意识淡薄，自我保护能力差，擅自一人违规到玉米堆上方作业，造成玉米堆坍塌，导致其窒息死亡，对本起事故负有直接责任。鉴于其在事故中死亡，建议免于追究相关责任。

（二）分公司事故处理意见

对通河直属库主要负责人和分管副主任进行诫勉谈话，分别给予 5000 元和 10000 元的经济处罚，责令直属库对相关监管和驻库人员进行处罚。

（三）通河直属库事故处理意见

对负有监管责任的仓储保管科科长和副科长扣除一个月绩效工资，对负有直接监管责任的2名驻库员（二人均为劳务临时用工人员），扣除一个月工资的经济处罚，并对以上四人进行通报批评，向直属库作出书面检查。

五、整改防范措施

（一）严格落实企业主体责任

认真贯彻安全生产方针，政策、法律、法规和各项规章制度，严格落实企业安全生产主体责任，建立健全公司内部的安全生产责任制和安全生产管理制度，教育和督促本公司职工严格落实安全生产规章制度和操作规程，切实抓好企业员工的安全生产教育和培训，如实告知从业人员作业现场的危险因素，严格按国家标准和行业标准的要求精心组织作业，提高从业人员的安全防护意识，有效防范安全事故。

（二）深入排查治理事故隐患

强化对作业现场的安全管理，完善较大危险因素生产经营场所和有关设施、设备安全警示标志，认真组织检查本单位的安全生产状况，建立长期的隐患排查治理和监控机制，及时排查生产安全事故隐患，使隐患排查治理工作制度化、常态化，做到隐患整改的人员、措施、责任、资金、时限和预案“六到位”，确保事故隐患彻底排查。

（三）深刻吸取事故教训

严格落实企业安全生产的主体责任，加大对职工的安全教育和培训，提高从业人员的安全防护意识，建立长期的隐患排查治理和监控机制，及时排查消除事故隐患。

第三节　中毒窒息事故

案例一：广西南宁港中储粮仓储公司“7·18”窒息事故

2018 年 7 月 18 日，南宁港中储粮仓储有限公司发生一起浅圆仓内低氧窒息事故，造成 1 名施工人员死亡，直接经济损失 75 万元。

一、事故单位及现场情况

1. 南宁港中储粮公司为中央储备粮南宁直属库有限公司与南宁港投资开发有限公司（以下简称“南宁港开投公司”）合资的股份公司，位于广西壮族自治区南宁港牛湾作业区内，南宁市邕宁区邕江一桥下游 40 千米处邕江南岸，港址距蒲庙镇约 10 千米，距南宁市区约 30 千米。南宁港中储粮公司一期物流项目于 2017 年 6 月投入使用，共有浅圆仓 8 栋（1、2、3、4、8、9、10、11 号仓）；二期建仓项目于 2018 年 5 月完成预验收。

2. 广西飞度冷气设备有限公司是一家民营空调设备供应公司，具有十几年的空调从业经历，具备空调安装资质，于 2014 年底由广西中储粮科技公司招标入围。南宁港中储粮公司按照广西分公司 2018 年浅圆仓空调控温的自有资金投资计划，通过集团公司集中采购网，于 2018 年 6 月与其签订了 8 台格力空调采购合同，由广西飞度公司供货并负责安装。

3. 事故现场位于南宁港中储粮有限公司 2 号浅圆仓顶部内，浅圆仓口径 25 米，沿口高度 21 米，顶高 27 米。到达 2 号仓须经过工作塔，工作塔一楼悬挂有《浅圆仓进仓人员作业规范》《安全关键控制点》等告知牌，设有一台电梯及一个逃生通道到达仓顶。各浅圆仓由工作塔连通，顶部均有一间蓝色铁皮房，一侧有一道上锁的铁门及一扇推拉窗，铁皮房内悬挂有“缺氧危险　请勿靠近”的警示标语，通过一道闸口可进入浅圆仓内顶部。

二、事故经过及救援情况

（一）事故经过

2018 年 7 月 17 日，广西飞度公司将 6 台空调送到了南宁港中储粮公司，并派遣覃某先和覃某果在 7 月 18 日到南宁港中储粮公司进行空调安装的准备工作。7 月 17 日，覃某先和覃某果与南宁港中储粮公司综合科科长曾某联系，计划第二天将 4 台空调搬上仓库顶部。因曾某当时不在公司，电话中要求二人到达南宁港中储粮公司后与仓储科副科长李某对接，听从其安排。7 月 18 日上午 10 时许，覃某先和覃某果来到南宁港中储粮公司，由南宁港中储粮公司综合科对二人进行了技术交底，然后仓储科副科长李某签发了外来人员作业单，并交代二人先由设备管理员带领着把空调搬运到工作塔塔顶，之后再安排另两名仓库管理员带着二人把空调搬到 3 号、4 号、9 号、11 号浅圆仓的仓门外，二人向设备管理员陆某申请了一个电梯卡，然后陆某带着覃某果和覃某先开始将一楼的空调搬运到工作塔顶楼。11 时，南宁港中储粮公司保管员徐某、梁某到达仓顶，与覃某先、覃某果交代了要安装空调的四个仓库，并接着带二人进行搬运空调。至 12 时共搬运了 3 台空调到工作塔塔顶，由于到了饭点四人决定先行吃饭午休，并将电梯卡放在工作塔一楼的监控室，徐某要求二人下午开工前必须通知南宁港中储粮公司，在有人员陪同的情况下才能进行搬运作业。由于当天天气较为炎热，大家约定于15 时 30 分左右再进行剩余的搬运作业。14 时 10 分许，覃某先和覃某果在未告知南宁港中储粮公司的情况下，通过消防通道将最后 1 台空调搬运至工作塔塔顶。14 时 50 分，二人将其中 1 台空调搬到误认为是 3 号（实际是 2 号）浅圆仓顶外，并决定尝试将空调吊进浅圆仓内，方便后续的空调安装工作。在没有南宁港中储粮公司相关人员在场的情况下，二人擅自从外侧将蓝色铁皮房关闭的玻璃窗户（推拉式窗户，内侧有锁扣锁闭）打开，进入蓝色铁皮房，从内部将铁门打开，打开仓库闸口，用绳子将空调吊进仓库内。覃某果通过梯子爬进仓库意图解开绳子，约 20 秒后，突然昏迷倒地，覃某先发现后也爬进仓库，打算将覃某果背出仓库，约 30 秒后覃某先也晕倒在仓库内。

（二）事故救援情况

7 月 18 日 15 时 30 分许，南宁港中储粮公司保管员徐某、梁某未见覃某先与覃某果联系自己进行剩余的搬运作业，于是到二人停车的位置查看，发现无人在车内，立即到库区寻找二人。16 时左右，在查找到 2 号仓时，发现密闭的仓顶部蓝色铁皮房门窗被打开，进一步核查发现覃某先和覃某果倒在 2 号浅圆仓内，立即打开风机通风，并大声呼喊二人。覃某先在听到呼喊后自动苏醒，并自行爬出仓库；施救人员将覃某果救出仓库，并采取人工呼吸，心肺复苏等抢救手段。南宁港中储粮公司在施救的同时，通过电话报警和报告城区安监部门。随后赶来的 120 急救人员对覃某果进行检查和采取急救措施，但覃某果已无生命体征。

三、事故原因分析

经地方安监部门认定，事故原因如下：

（一）直接原因

覃某果在未采取任何防护措施的情况下，擅自进入密闭的 2 号浅圆仓中，导致缺氧窒息。

（二）间接原因

1. 广西飞度公司未按照《安全生产法》的规定落实安全生产主体责任，未建立健全安全生产责任制和规章制度，作业现场安全管理不到位，是事故发生的主要原因。一是广西飞度公司负责人安全意识淡薄。未按照《安全生产法》的规定，建立健全安全规章制度，未组织开展安全培训教育，未组织开展隐患排查等工作，为事故发生埋下隐患。二是聘请无证人员从事特种作业。未严格执行《特种作业人员安全技术培训考核管理规定》，安排未取得“高处安装、维护、拆除作业”及“对制冷与空调设备整机、部件及相关系统进行安装、调试与维修的作业”特种作业操作资格证的覃某果和覃某先进行空调安装作业。三是现场安全管理不到位。未对覃某先、覃某果进行安全教育培训；未进行安全交底；未告知空调安装过程存在安全风险；实施特种作业时未安排专人现场监护等。

2. 南宁港中储粮公司制定有管理规定，对外来车辆、人员实行登记、发放临时出入牌等措施，但对库区巡查、外来人员管控仍未完全到位，未能及时发现并制止擅自进行作业的覃某果与覃某先。

四、事故责任追究

（一）地方安监部门事故处理建议

1. 广西飞度公司作为南宁港中储粮公司空调安装项目的承接方，未建立安全生产管理制度，未严格审查空调安装人员资质，安排未取得特种作业操作证资格的人员进行空调安装作业，对作业人员进行安全教育培训及安全管理不到位。违反《中华人民共和国安全生产法》第四条、第二十七条的相关规定。建议由城区应急管理局依法进行行政处罚。

2. 事故死者覃某果，未取得空调安装作业资格证的情况下从事空调安装业务；在未采取安全防护措施的情况下，擅自进入谷仓作业导致缺氧死亡，是事故的直接责任者，鉴于其在事故中死亡，建议免于追究责任。

3. 广西飞度公司法人代表，履行督促、检查本单位的安全生产工作职责不到位，未组织制定本单位安全生产规章制度和操作规程，聘请无资质人员从事空调安装，对空调安装人员安全教育培训不到位，对事故发生负有责任。违反《中华人民共和国安全生产法》第十八条的相关规定，建议由邕宁区应急管理局依法给予行政处罚。

4. 南宁港中储粮仓储有限公司对外来人员的管理存在疏忽，未能及时发现午休期间擅自进入工作区域的覃某果及覃某先。建议责成中央储备粮南宁直属库有限公司按照公司规定进行教育处理，并将处理结果以书面形式报送城区应急管理局。

（二）分公司事故处理意见

1. 对南宁港中储粮仓储有限公司总经理李某革、仓储科副科长李某湖调离原工作岗位。

2. 对综合科长曾某、仓储科副科长李某湖、保管员徐某和梁某锋进行批评教育并责令书面检讨，并扣除当年全年安全生产奖金。

五、整改防范措施

1. 认真贯彻落实习近平总书记、李克强总理关于安全生产重要指示批示精神，进一步强化安全发展理念和安全生产红线意识，压实安全生产责任，切实落实安全生产的企业主体责任、部门监管责任，狠抓安全生产专项整治和隐患排查，建立本行业领域有限空间企业档案。要加强对涉及有限空间作业企业的管理，组织开展有限空间作业的专项安全培训；督促企业建立健全有限空间作业安全责任制度，指导企业开展有限空间辨识，确定有限空间的数量、位置以及危险有害因素等基本情况，建立有限空间管理台账，有限空间作业必须严格遵守“先通风、再检测、后作业”的原则。

2. 认真贯彻《中华人民共和国安全生产法》等法律法规，落实企业主体责任，要严格审查公司空调安装人员相关资格，杜绝无证安装空调作业现象，严格落实特种作业人员持证上岗制度；建立健全相关生产责任，制定和完善安全管理制度，加强对从业人员安全培训教育，提高安全生产意识，加强项目现场安全生产管理，做好项目现场的安全防护，认真组织开展安全隐患排查治理工作，及时消除安全隐患。企业主要负责人要认真贯彻《中华人民共和国安全生产法》等法律法规，加强现场安全管理，确保操作规程的遵守和安全措施的落实，防范生产安全责任事故发生。

3. 举一反三，引以为戒，强化安全生产红线意识和责任意识，加大监督巡查的频率，切实履行监管责任，加强对企业安全生产工作的监督、指导，严格落实有限空间作业安全操作规程，设置安全警示标志和配备安全救护设备，提高安全管理水平和应急救援能力，切实落实安全生产主体责任。

案例二：自贡直属库“11·13”中毒窒息事故

2017 年 11 月 13 日，中央储备粮自贡直属库有限公司发生一起熏蒸散气中毒窒息事故，造成 1 名保管员死亡，直接经济损失 91.14 万元。

一、事故单位概况

中央储备粮自贡直属库有限公司原名四川自贡国家粮食储备库有限

公司，2013 年整体上收为中储粮直属企业。直属库包括直属库本部和荣县分库两个库区，本部位于四川省自贡市自流井区舒坪镇，占地 100 亩，总仓（罐）容 ** 万吨（其中罐容 ** 万吨），截至事故发生时，在册员工 68 人。

二、事故经过及救援情况

2017 年 10 月 9 日，自贡直属库有限公司对本库 6 号仓进行粮食熏蒸作业。2017 年 11 月 13 日，该公司监控录像显示：14 时 22 分，死者文某独自离开办公楼步行进入库区；14 时 27 分 40 秒，文某行至 6 号仓西侧依次打开 6 号仓一个窗户和 3 个通风口，并从外揭开通风道密封膜，拆除通风道隔热挡板；14 时 40 分 18 秒，文某绕至 6 号仓东侧，打开 6 号仓东侧一窗户；14 时 52 分 12 秒，文某进入 6 号仓。15 时 50 分许，该公司仓储保管科副科长万某和保管员吕某检查完 19 号仓后，发现对面 6 号仓粮情检查门开启，仓外（楼梯上）栏杆处悬挂一个布包。两人立即前往 6 号仓查看，发现保管组组长兼安全员文某面向仓外坐在进仓平台上，头戴防毒面具并下垂，吕某连忙呼叫文某无应答，吕某立即取下文某佩戴的防毒面具，发现文某嘴角周围发紫，两人将文某从仓里面的平台抬到仓门外平台上进行急救。15 时 53 分，吕某拨打 120 急救电话，同时万某电话报告综合科、公司副总经理罗某。16 时 05 分，自贡市第三人民医院 120 赶到现场进行急救；16 时 35 分，120 现场宣布文某抢救无效死亡。

三、事故原因分析

经地方安监部门认定，事故原因如下：

（一）直接原因

死者文某未经许可独自一人佩戴自吸式过滤防毒面具，进入未通风、未检测的密闭熏蒸仓发生中毒窒息。

（二）间接原因

一是自贡直属库有限公司开仓散气等危险性较大的作业技术和设计上有缺陷；二是自贡直属库有限公司对员工安全教育培训不到位，员工安全意识不强，个别员工存在侥幸心理、麻痹大意；三是自贡直属库有限公司劳动组织不合理，对散气作业存在的危险性认识不足，对熏蒸、开仓散气等危险作业安全检查不足，未认真落实安全防范措施。

四、事故责任追究

（一）地方安监部门事故处理意见

1. 对自贡直属库有限公司处以 250000 元罚款；

2. 自贡直属库有限公司法定代表人，未及时组织消除生产安全事故隐患，间接导致事故发生，对事故发生负有重要领导责任，处以上一年年收入 30% 的罚款；

3. 自贡直属库有限公司副总经理，对熏蒸散气危险性大的作业监管不力，未采取有效措施确保员工作业安全，间接导致事故发生，对事故发生负有重要领导责任，处以 10000 元罚款；

4. 自贡直属库有限公司综合科科长兼安全办主任，对员工安全教育不到位，导致个别员工安全意识淡薄，间接导致事故发生，对事故发生负有一般管理责任，处以 6000 元罚款；

5. 自贡直属库有限公司仓储保管科科长，对熏蒸作业监管不到位，间接导致事故发生，对事故发生负有一般管理责任，处以 6000 元罚款；

6. 自贡直属库有限公司仓储保管科副科长，对熏蒸散气作业安全管理不到位，对作业现场监管缺失，间接导致事故发生，对事故发生负有重要管理责任，处以 8000 元罚款；

7. 自贡直属库有限公司监管科副科长、安全办成员，对员工作业安全监管不力，安全管理工作不到位，间接导致事故发生，对事故发生负有重要管理责任，处以 8000 元罚款。

（二）分公司和直属企业事故处理意见

1. 给予自贡直属库有限公司总经理和分管副总经理行政记过和党内警告处分；

2. 给予自贡直属库仓储保管科副科长行政记过处分；

3. 给予仓储保管科科长（分库临时负责人）和监管科副科长行政警告处分。

五、整改防范措施

成都分公司高度重视，认真吸取事故教训，立即组织辖区开展安全生产隐患排查治理和岗前安全培训教育工作，切实做好作业现场安全管理工作，坚决防止类似事故再次发生。

1. 进一步完善内部安全管理体制，健全各级安全管理职责，并严格按安全职责层层分解安全生产责任，强化日常安全管理工作。

2. 开展一次安全生产法律法规、标准、规范、文件等合规性评价，严格落实国家粮食和物资储备局关于暂停使用自吸式过滤防毒面具的通知，对执行的安全管理制度和安全操作规程进一步完善，在熏蒸、开仓散气操作规程中明确规定必须使用空气呼吸器，严禁使用自吸式过滤防毒面具。

3. 对熏蒸、开仓散气等危险性较大的作业进行技术改造，提高装置的自动化程度，减少员工在有毒有害环境作业时间，设置有毒有害气体浓度在线监测、报警装置，为员工配备足够的空气呼吸器和便携式检测仪。

4. 加强有限作业许可管理，进一步明确有限空间作业范围、审批程序、风险辨识、相应的安全措施，安全分析、安全监护人、应急措施等，并制定相应的监管措施，有效杜绝“三违”（违章指挥、违规作业、违反劳动纪律）现象发生。

5. 加强对员工的安全教育培训，经常性开展安全警示教育，强化员工安全意识，提高安全操作技能，增强员工在异常情况下的自救互救能力，有效消除侥幸心理，防止违规作业。

6. 举一反三，全面开展安全生产隐患排查治理工作，加强危害因素辨识，制定有效的防范措施并督促落实到位，有效防范生产安全事故发生。

案例三：金湖粮库“9·13”较大中毒事故

2011 年 9 月 13 日，江苏中储粮收储经销有限公司金湖粮库（以下简称“金湖粮库”）发生一起磷化氢气体中毒事故，造成 4 人死亡，直接经济损失约 217 万元。

一、事故单位情况

金湖粮库位于江苏省淮安市金湖县陈桥镇 84 号。注册时间为 2010 年 5 月 10 日，负责人蔡某华，有正式职工 12 人。经营范围：粮食收购和存储。系中储粮江苏收储经销有限公司下属分库，不具备独立法人资格。整个粮库项目于 2009 年 8 月 1 日开工，计划建设仓容 5.5 万吨，共计 8 幢库房，已建 8 个库房 16 个仓，其中 1、2、3、4、6、7、9、10、11 号共 9 个仓房已于 2010 年 6 月起陆续投入使用，其余项目还在建设中。

二、事故经过及救援情况

（一）事故经过

发生事故的是金湖粮库1号仓房（2011年4月投入使用），存放玉米2930吨。2011年9月13日16时左右，在熏蒸施药（磷化铝粉）43天后，仓储主管胡某安排保管员周某傍晚散气，实施的具体措施是按照熏蒸方案，进行仓外作业，打开窗户和查粮门。17时45分左右，周某头戴过滤式防毒面具打开查粮门，自行进仓拆除密封薄膜。胡某先是在查粮门下方的地面上（距查粮门约7米高距离）观察，2分钟左右后，也佩戴防毒面具进入仓房。5分钟后，在大门口值班保安万某发现，胡某头戴过滤式防毒面具返回到查粮门口，挥动双手，正在此时，张某骑电瓶车经过，看到胡某在招手，立即停车，万某看着张某和胡某一同入仓。约30分钟后，万某发现3人都没有出来就向值班人员葛某报告情况。葛某到现场后，叫人没有回应，有所警觉，就用湿毛巾捂住口鼻，从查粮门入仓查看，发现3人躺在仓内，由于感到胸闷，当即退出仓房，打电话向粮库领导钱某报告，并向110、120、119进行报警求援，提醒消防人员携带防毒面具和氧气瓶。接葛某电话后，钱某和几名保管员赶到现场。钱某让保管员到办公室拿来防毒面具，安排李某和刘某戴好防毒面具进仓查看情况，但两人进仓后仅仅走了几步，就感觉胸闷、头晕，立即退了出来。其中一名退出仓房的工人李某感到情况比较严重，给已下班回家的粮库负责人李某打电话汇报，李某迅速往单位赶，同时打电话向上级公司领导汇报情况。与此同时，在现场的钱某又安排工人爬梯子上仓房砸窗户，砸开两扇窗户后，打开轴流风机，第一次风机没有转，保管员仲某接上电源线启动风机后，发现密封薄膜没有去掉，风机不发挥作用，外包单位粮食装卸工张某就拿着镰刀戴着防毒面具，入仓割开轴流风机上的密封薄膜，转身又去救人。因入仓时间长，第4个进入仓房的张某也没有幸免于难。

（二）救援情况

在救援过程中，保管员仲某拿着手电筒、戴着防毒面具入仓，但因感觉呼吸很困难，喘不过气来，只好也退了出来。随后，陈桥镇派出所民警和在院内施工的单位工人也赶到现场，参与救援。19时20分左右，医疗急救人员和消防救援人员陆续赶到。消防队员佩戴有效防毒面具入仓，找到了倒在仓内的4人，抬出仓外紧急施救后，急送金湖县人民医院进行抢救。经过约40分钟抢救，到21时左右，张某2人因抢救无效死亡，胡某、周某随后也因抢救无效死亡。

三、事故原因和性质

经地方人民政府成立的事故调查组认定，事故原因如下：

（一）直接原因

1. 周某、胡某违规作业是造成该起事故的直接原因。

2. 胡某、张某等人在实施救援中方法不当，进一步加重了事故的后果。散气有十分严格的要求，仓房内磷化氢浓度降到0.2PPm以下时，人员方可进仓。据调查组9月16日上午11时对1号仓房的6个点检测，其结果均为3PPm，是安全标准的15倍。据此，可以推断9月13日1号仓房内磷化氢浓度含量是很高的。周某、胡某违反国家《粮油储藏技术规范》，在实施散气前对新的双T型粮库密封性能不了解和未确定磷化氢浓度的情况下，没有按照操作规程步骤实施。胡某作为仓储保管主管，又是专业学校毕业，受过熏蒸专业训练，理应按操作规程执行，但由于安全意识淡薄，违规作业，凭经验盲目进入危险区域施救，直至酿成事故。

（二）间接原因

1. 粮库员工对安全生产认识不到位。缺乏安全意识和自我保护意识，使用磷化氢熏蒸储粮害虫时，对散气时的危险性认识不足。

2. 安全生产制度不落实。员工上岗前未经安全培训，散气时，不按熏蒸工作方案执行，在对新仓房的密闭性能和玉米存储耗氧特性不了解的情况下，凭经验判断，违规作业，导致事故发生。

3. 现场安全警示标志缺乏。对存在较大危险因素的场所未设置明显的安全警示标志。

4. 新建仓库散气窗户的密封薄膜为内置式设计，散气时，实施散气人员只能进入仓房内拆除密封薄膜，增加了作业人员的操作风险。

四、事故责任追究

（一）事故调查组处理建议

1. 仓库保管员、仓储保管主管，违反国家《粮油储藏技术规范》等规定，在未确定仓房内磷化氢浓度和含氧量的情况下，凭经验违规进入危险区域，盲目进入危险区域内实施救援，是这起事故的直接责任者。因其在事故中已死亡，不再追究其责任。

2. 金湖粮库副主任，对这起事故负有管理责任，建议给予撤销副主任职务的处分。

3. 金湖粮库原负责人，对这起事故负有管理责任，建议给予党内警告处分，并按照国务院《生产安全事故报告和调查处理条例》第三十八条规定，处上一年年收入 40% 的罚款。

4. 江苏中储粮收储经销有限公司总经理，对这起事故负有领导责任，给予党内警告处分。

5. 金湖粮库安全制度不落实，对职工安全生产培训、管理不到位，导致职工在实施熏蒸工作过程中，违规作业，发生事故后，施救不当。对新的双T型粮库的密封性能不了解、认识不到位，熏蒸安全防护措施和应急预案不到位。对这起事故负有管理责任，建议按照国务院《生产安全事故报告和调查处理条例》第三十七条规定，给予30万元的经济处罚。

6. 江苏中储粮收储经销有限公司作为金湖粮库上级单位，对这起事故负有责任。责成江苏中储粮收储经销有限公司向中国储备粮管理总公司江苏分公司作出书面检查。

（二）分公司处理意见

1. 对江苏分公司总经理、主管副总经理、业务处长给予通报批评。

2. 对江苏中储粮收储经销有限公司原董事长兼总经理给予行政记大过处分。

3. 对金湖粮库原负责人给予党内警告处分，并扣减其2011年度绩效奖金40%。

4. 对金湖粮库主要负责人给予行政降级处分，并扣减其2011年度绩效奖金40%。

5. 对金湖粮库副主任钱佩华同志给予撤职处分。

6. 责成江苏中储粮收储经销有限公司向江苏分公司作出书面检查。

五、事故防范措施

（一）严格落实安全生产责任制

企业领导和各级负责人要进一步强化安全生产责任制，把安全责任落实到每个环节，不留死角。粮库要明确一名具有安全管理能力和懂安全技术的人担任安全员，无论专职还是兼职安全员都必须经安全培训取得安全资质证书，持证上岗。

（二）加强自我安全意识教育

要切实加强对干部职工的安全教育培训，特别要加强熏蒸作业人员的培训，取得相应的资格，从这起事故中要举一反三，吸取教训，努力提高职工的安全技能，强化职工安全意识和自我保护意识，强化生产过程和现场安全管理的领导责任。

（三）全面开展安全检查

各企业要扎扎实实开展全面的安全检查，深入排查各个生产环节的事故隐患和苗头，对排查出的隐患要落实整改责任人和整改措施，及时整改，并认真复查隐患整改情况，努力提高全公司的本质安全。

（四）健全安全规章制度

要加强安全宣传教育，完善各项安全生产规章制度，尤其要按《粮油储藏技术规范》要求，严格执行安全操作规程，加强对生产现场的日常检查和监督管理。对于存在较大危险因素的部位和环节，要在醒目位置和重要时段设置必要的安全警示标志。要配备空气呼吸器，确保在粮食熏蒸作业中的人身安全。制定应急预案，定期演练。

（五）做好建设项目安全设施“三同时”工作

要按照《安全生产法》、国务院《关于进一步加强企业安全生产工作的通知》和国家安全监管总局《建设项目安全设施“三同时”监督管理暂行办法》的要求做好建设项目安全设施“三同时”（同时设计、同时施工、同时投产）工作。

（六）加强呼吸防护用品的管理和维护

在有害作业环境性质未知、是否缺氧未知、缺氧环境及有害物质浓度很高（危害因素≥100）的情况下，应选用隔绝式呼吸防护装备，具体参见《呼吸防护用品的选择使用与维护》。

第四节 高处坠落事故

案例一：江西抚州直属库“11·17”高处坠落事故

2018年11月17日，中央储备粮抚州直属库有限公司（以下简称“抚州直属库”）发生一起车顶坠落事故，造成1名外包人员死亡，直接经济损失68.8万元。

一、事故单位概况

抚州直属库地处江西省抚州市临川区温泉镇，内设五个职能科室，下设东乡、乐安两个分库。装卸搬运外包作业单位是抚州市临川区磨下搬运有限公司（以下简称“搬运公司”），地处抚州市临川区温泉镇磨下村，法人代表为黄某如，注册资本1万元，成立于2014年8月12日，营业期限为2014年8月12日至长期，经营范围包括人力搬运、装卸、保洁服务。该搬运公司有长期作业人员58人，收购高峰期超过100人。抚州公司于2014年8月与搬运公司签订装卸搬运外包作业协议。

二、事故经过与处置

（一）事故经过

2018年11月17日，天气阴，小到中雨，上午9时10分左右，在抚州直属库53仓出库现场，搬运公司作业人员杨某（男，63岁），佩戴安全帽在车辆顶部进行平整粮面作业，下车时脚下打滑，不慎从3米多高的货车驾驶室顶部头朝下跌落地面昏迷。抚州直属库现场值班人员发现后立即拨打了120电话，将伤者急送医院并通知家属。在救治过程中，杨某始终处于重度昏迷状态，伤情一直未见好转，应其家属要求医院停止抢救，将其运回家后杨某于当天死亡。

（二）事故处置

事故发生以后，抚州直属库领导班子成员全部赶到单位，并立即向分公司和所在地人民政府作了报告。分公司向集团公司作了报告，镇政府也向上级相关部门作了报告。分公司总经理、副总经理接到报告，高度重视，立即指派仓储管理处处长和法律顾问赶赴现场，成立事故处理领导小组，按照集团公司安监部要求，妥善处理善后事宜，查找事故原因，排查管理漏洞，防范辖区内类似事故。

为妥善处理事故、确保事态平稳，11月18日上午，抚州直属库与白浒窑村委会、磨下搬运公司负责人、死者家属一起协商死者安葬及补偿问题。11月19日，在抚州市临川区温泉镇人民政府的组织协调下，抚州直属库、搬运公司、死者家属一起就事故情况及善后处理达成一致意见，临川区温泉镇政府作出了《关于抚州直属库有限公司“11.17”安全生产事故调查结论及有关意见》，认定此次事故是意外事故，责任主体是搬运公司。一是此次意外死亡事故由磨下搬运公司负全部责任；二是鉴于搬运公司成立时间短，经济补偿能力较弱，基于人道主义考虑，由抚州直属库一次性给予死者家属丧葬费、死亡补偿金、精神抚慰金等共计68.8万元；三是此次补偿为一次性终结处理，协议签订后不得再出现任何敲诈胁迫等行为。死者于11月19日火化，11月20日安葬。整个事故处理过程中未发生群体及舆情方面事件。

三、事故原因分析

1. 搬运公司管理不严，作业人员违反高处作业规定，在下雨湿滑及没有安全防护措施的情况下登高作业，造成打滑跌落；同时缺乏对搬运人员进行日常而必要的培训，作业人员安全生产专业知识欠缺，其辨别、防范、应对安全隐患和风险意识不强、办法不多。因此，搬运公司负主体责任。

2. 抚州直属库疏于对外包作业管理指导，对外包人员以包代管，安全监管、防护不到位。特别是对作业现场登高管理意识淡薄，相关作业事故应急处置方案不完善，对超 60 岁外包人员违规从事危险性高处作业未做到及时制止，导致事故发生。

四、事故责任追究

（一）分公司事故处理意见

1. 给予抚州公司总经理行政警告处分，罚款 5000 元。

2. 给予抚州公司副总经理通报批评，罚款 3000 元。

3. 责令抚州公司对本次事故相关责任人作出相应处理，处理结果报分公司。

（二）抚州公司事故处理意见

1. 对仓储保管科副科长（主持工作），给予通报批评，经济罚款 1000 元；

2. 对仓储保管科专职安全副科长，给予行政警告处分，经济罚款 1000 元；

3. 对 53 仓责任保管员，给予行政记过处分，经济罚款 500 元。

五、整改防范措施

为汲取事故教训、加强安全生产工作，江西分公司先后向辖区下发了《关于加强出入库现场管理的紧急通知》《关于切实做好安全生产工作的通知》，并召开全辖区安全生产会议，对出入库作业、冬春防火工作进行再部署、再强调、再落实，杜绝此类事故重复发生。

（一）严格落实安全生产全员责任制

建立健全安全生产全员责任体系。及时完善涵盖直属企业负责人、分管负责人、党政各部门、企业各岗位的安全生产全员责任体系，细化“一人一区块”责任清单，做到人人落实安全生产责任、层层传递安全生产压力。

（二）切实加强外包作业管理

认真梳理、完善外包作业合同，对没有资质的单位一律清理，禁止招用未满 16 周岁的未成年人、禁止招用心脏病或高血压等危险性疾病人员、禁止招用 60 周岁以上男工及 50 周岁以上女工从事库内搬运等劳务作业。督促外包单位必须购买作业人员意外保险，提供必要防护措施，保障作业人员享有劳动权利和履行劳动义务。强化各项安全管理制度的落实，进一步加强对作业人员的岗前培训、安全交底及作业现场管理。

（三）强化安全生产检查及应急管理

严格落实安全生产全员考核制度，加大对库区安全隐患的排查和整治力度，既做好防火、防涝、防熏蒸等方面的应急管理工作，又要对每项作业制定应急方案和防范措施，加大现场应急处置的演练，通过演练检验和修正现场处置措施，提升现场应急处置能力。

案例二：镇江四捷劳务公司“10·5”高处坠落事故

2017 年 10 月 5 日，镇江四捷劳务有限公司发生一起塔吊驾驶员高处坠落事故，造成 1 名人员死亡，直接经济损失约 120 万元。

一、事故单位及项目概况

（一）事故基本情况

发生时间：2017 年 10 月 5 日上午 10 时 55 分左右。

发生地点：中储粮镇江粮油有限公司立筒仓项目施工现场。

事故类型：高处坠落。

伤亡情况：死亡 1 人，颜某，男，汉族，28 岁。

（二）事故单位情况

事故单位：镇江四捷劳务有限公司，法定代表人胡某，成立时间 2007 年 3 月，项目经理吴某，现场负责人王某，安全员朱某。

监理单位：镇江市兴华工程建设监理有限责任公司，法定代表人琚某，成立时间 2005 年 1 月，项目总监赵某，安全监理工程师龚某。

总包单位：镇江建工建设集团有限公司，法定代表人李某，成立时间 1979 年 12 月。

（三）项目承发包情况

总包单位建工集团公司将中储粮镇江粮油有限公司物流项目立筒仓劳务发包给四捷劳务公司，工程名称：中储粮镇江粮油有限公司物流项目立筒仓土建工程；合同签订时间为 2017 年 2 月 15 日，合同明确了施工过程中的安全生产工作责任。

二、事故经过及救援情况

2017年10月5日6时左右，塔吊驾驶员颜某来到立筒仓6号库旁塔吊上班，工作至10时50分左右，颜某离开塔吊驾驶舱返回地面，颜某在沿梯下行至顶升套架位置时突然坠落，经数次碰撞后坠落地面。塔吊下方工人见状立即向项目部管理人员报告，随后四捷劳务公司安排车辆将颜某送往镇江市第一人民医院新区分院抢救，颜某经抢救无效死亡。

镇江公司董事长接到报告后，迅速赶赴现场，组织有关单位召开紧急会议，研究应急处置措施。事故发生后，镇江公司分别向油脂公司和镇江市安监局进行了汇报。同时，油脂公司也向集团公司有关部门进行了汇报。当日油脂公司董事长带领战略投资部、安全办负责人赶赴镇江公司指导事故善后处理，在查看现场、听取汇报后，并组织有关人员召开会议，部署善后处置和舆情防控工作。

三、事故原因分析

经地方安监部门认定事故原因如下：

（一）直接原因

颜某未抓稳扶手、踏稳梯杆，安全防护不到位，加之雨天湿滑、失足坠落，是事故发生的直接原因。

（二）间接原因

1. 四捷劳务公司对施工现场安全管理不到位，未落实现场检查、隐患排查措施，是事故发生的重要原因。

2. 镇江市兴华工程建设监理有限责任公司对施工现场安全监理不到位，未能严格履行监理职责，是事故发生的间接原因之一。

3. 建工集团公司立筒仓土建工程项目部安全管理不严格，对承包单位的安全生产工作统一协调、管理不到位，是事故发生的间接原因之一。

四、事故责任追究

镇江公司严格按照集团公司、油脂公司相关管理规定进行现场管理。在施工安全管理方面严格施工资质审核、严格施工责任管理、作业管理、消防管理、用电管理、区域管理等，做好施工人员入厂安全告知和风险警示、做好监督施工单位作业现场日常安全检查与隐患整改、做好监督施工人员按规定开展安全培训和安全提醒、做好监督施工人员劳动防护用品佩戴情况和作业行为。经镇江市人民政府、镇江市安监局认定，四捷劳务公司等企业人员及有关单位负有相关责任，具体如下：

颜某，未抓稳扶手、踏稳梯杆，加之雨天湿滑、失足坠落，在该起事故中负主要责任，鉴于其已经死亡，故不再追究其责任。

朱某，安全员，未严格履行职责，对现场安全检查不到位，对事故发生负有管理责任，责成四捷劳务公司按照公司制度规定处理。

王某，现场负责人，对施工现场缺乏有效的安全管理，对事故发生负有管理责任，责成四捷劳务公司按照公司制度规定处理。

吴某，项目经理，未能有效履行项目第一责任人安全职责，在该起事故中负有管理责任，责成四捷劳务公司按照公司制度规定处理。

龚某，镇江市兴华工程建设监理有限责任公司监理员，未能严格履行监理职责，责成镇江市兴华工程建设监理有限责任公司按照公司制度规定处理。

胡某，四捷劳务公司法定代表人，未能有效履行对公司和项目施工安全生产工作的检查职责，其行为违反了《安全生产法》第十八条第（五）项规定，依据《安全生产法》第九十二条第（一）项规定，建议由镇江市安全生产监督管理局依法给予上一年年收入30%的行政处罚。

鉴于四捷劳务公司对致一人死亡的“10·5”高处坠落死亡事故负有责任，其行为违反了《安全生产法》第三十八条第一款规定，建议由镇江市安全生产监督管理局依据《安全生产法》第一百零九条第（一）项之规定，依法给予行政处罚。

鉴于镇江市兴华工程建设监理有限责任公司对施工现场安全监理不到位，未能严格履行监理责任，建议由镇江市住建局对镇江市兴华工程建设监理有限责任公司主要负责人进行安全警示谈话，并将处理结果反馈至市安监局。

鉴于建工集团公司立筒仓土建工程项目部安全管理不严格，对承包单位的安全生产工作统一协调、管理不到位，建议由安监部门另案处理。

五、整改防范措施

1. 认真吸取“10·5”死亡事故的教训，举一反三，切实抓好安全生产工作。要加强对工程项目的现场安全管理，要高度重视安全生产工作，落实安全责任，提高作业人员安全意识，加强上下塔吊的安全防护措施，严防事故发生。

2. 加强对项目作业现场的日常管理，全面排查隐患并督促整改，加大对作业人员安全培训力度，确保安全工作落实到位。

3. 加强对劳务单位安全生产统一协调、管理，定期进行安全检查，对发现的安全问题，应当及时督促整改到位。

案例三：福建邵武直属库建设项目“1·1”高处坠落事故

2017年1月1日，福建章诚隆建设工程有限公司（以下简称“章诚隆公司”）承建的邵武直属库 7.5 万吨浅圆仓新建项目，发生一起高处坠落事故，造成 1 名作业工人死亡。

一、事故单位及项目概况

（一）施工单位

章诚隆公司位于福建省长乐市古槐镇中街村直街 98 号，成立于 1995 年 11 月 8 日，主项资质等级为房屋建筑工程施工总承包壹级。2015 年 5 月 26 日取得由福建省住房和城乡建设厅颁发的《安全生产许可证》。

（二）监理单位

宜昌宏业工程项目管理有限公司，位于宜昌市四方堰 25－1 号，成立于 1996 年 6 月 28 日，房屋建筑工程监理甲级。

（三）项目概况

章诚隆公司于 2015 年 9 月 14 日在福建省公共资源交易中心中标中央储备粮邵武直属库 ** 万吨新建储备仓项目施工。项目开工前，建设单位与施工单位签订施工安全协议。宜昌宏业公司于 2015 年 4 月 2 日、2015 年 9 月 22 日分别在邵武市公共资源交易中心、福建省公共资源交易中心中标中央储备粮邵武直属库新建储备仓项目一期（2.5 万吨）、二期（5 万吨）监理。事发时，项目现场施工已达一年三个月，项目即将竣工，2016 年 12 月 28 日，主体已通过了分部验收。

二、事故经过及救援情况

2017 年 1 月 1 日 7 时 30 分，外墙涂料工张某、幸某等 2 名工人进入提升塔北面的电动吊篮内，从中储粮邵武直属库的库区视频监控“邵武库南三铁路罩棚西侧区域球机 2”发现，这 2 名工人进入电动吊篮内，未按规范要求系好身上的安全带，直接提升吊篮。7 时 32 分，吊篮提升至

16 米左右，吊篮右侧出现火花，右边钢丝绳断开，吊篮内 2 名工人坠落。事故造成张某死亡，幸某受伤。事故发生后，现场其他人员立即打电话通知中储粮邵武直属库、章诚隆公司、宜昌宏业公司等相关单位领导和有关人员及时赶赴事发地点进行紧急处置。8 时许，市立医院的 120 救护车到达现场，死者张某经南武夷司法鉴定所现场尸表检验后，送往殡仪馆。伤者幸某送往市立医院，经治疗后出院。

三、事故原因分析

经地方安监部门认定事故原因如下：

（一）直接原因

1. 死者和伤者违规作业。事故吊篮在提升作业时，吊篮上 2 名外墙涂料工，佩戴安全帽未系绳栓，同时高处作业也未挂设安全带，使安全带上安全锁扣无法连接安全绳，安全绳失去保护作用。

2. 吊篮拆卸安装不当，该事故吊篮在移位及拆除安装时，由使用单位作业人员自行拆卸安装，未经具备吊篮安装拆卸的特种作业人员进行拆装，导致吊篮安装错误，其中吊篮两侧安全绳未按规定穿过安全锁，导致钢丝绳断裂时，安全钢丝绳（副绳）未能防坠锁定。

3. 吊篮移位后未按标准验收投入使用；吊篮移位后在使用前，未经出租、安装、使用、监理等四方验收，强行使用。

4. 吊篮移位安装存在随意变更安装方式；从现场看，前支架支撑在建筑物女儿墙上，使用破损配重块，安全绳固定在自身配重块上，绕过女儿墙棱角处未做保护隔离等安装错误。

5. 工作钢丝绳抱死起火断裂，吊篮坠落。事故发生时，事故吊篮提升机构上的卷扬机起火，根据市建设工程质量安全监督站事故原因和专家现场分析认为：工作钢丝绳使用的是棉心钢丝绳，而不是钢心钢丝绳，在吊篮提升过程中钢丝绳夹杂的杂质因滚轮抱死起火，夹断右侧钢丝绳致吊篮坠落。并且事故发生后，该卷扬机通电后尚能正常工作。

（二）间接原因

1. 章诚隆公司未落实企业安全主体责任，主要表现在外墙涂料工佩戴安全帽未系绳栓、高处作业也未挂设安全带、吊篮两侧安全绳未按规定穿过安全锁、移位安装未验收、钢丝绳使用不符合要求等隐患检查不到位。同时，对员工的安全培训教育未落实，导致员工安全意识淡薄，缺乏必要的自我保护能力。

2. 宜昌宏业公司对事故吊篮移位、安装、使用监督不到位。

3. 外墙涂料工未经吊篮作业特种作业培训，无证上岗。

四、事故责任追究

（一）事故调查组处理建议

1. 对于死者不予追究责任。

2. 伤者待出院三个月后做伤残鉴定，并建议章诚隆公司根据公司规定进行处理。

3. 涂料班组班长履行班组安全管理职责不到位，对事故负有现场班组管理不到位责任，建议由福建章诚隆公司根据公司规定进行处理。

4. 外墙涂料实际负责人履行现场安全职责不到位，对事故发生负有安全管理不到位责任，建议由福建章诚隆公司根据公司规定进行处理。

5. 现场安全员，履行安全监督管理职责不到位，对事故负有安全管理不到位责任，建议由福建章诚隆公司根据公司规定进行处理。

6. 项目经理，履行企业安全生产主体责任不到位，对事故发生负有主要领导责任，建议由邵武市安监局依法进行行政处罚。

7. 宜昌宏业公司现场土建专监，在履行监理职责方面存在不足，对事故发生负有监督不到位责任，建议由邵武市住建局依照相关规定进行处理。

8. 福建章诚隆公司落实企业安全生产主体责任不到位，吊篮隐患排查和安全培训教育不到位，对事故发生负有责任，建议由邵武市安监局依法给予行政处罚。

9. 宜昌宏业公司履行监理职责方面对吊篮移位、安装、使用监督不到位，对事故发生负有监督责任，建议由邵武市住建局依照相关规定对其进行处理。

（二）分公司处理意见

1. 在全辖区通报邵武直属库“1·1”吊篮坠落事故。

2. 责成邵武直属库主任、书记向分公司党组作出深刻检查。

3. 取消邵武直属库主任、书记2016年度评优资格。

4. 责成邵武直属库对负责该项目建设的有关科室及人员，视情节轻重，给予批评教育、经济处罚或纪律处分。

五、整改防范措施

（一）警钟长鸣，进一步强化风险管控教育

1. 强化责任意识。全面落实关于加强安全生产工作的紧急通知，先后召开安全生产专题会议，进一步强调安全生产工作的重要性，强化全员的安全生产责任意识，严格执行安全生产规范操作，杜绝违章作业、违规操作现象的发生。要求全员要高度重视安全生产工作，时刻绷紧安全生产这根弦，深刻汲取章诚隆公司在承建项目施工时发生的“1·1”安全生产事故的教训，扎实开展安全生产隐患再排查和治理，切实抓好安全生产工作。要牢固树立安全生产底线思维意识，把安全生产作为各项工作的重中之重，落实全员安全责任制考评，切实抓好施工、治安、消防、用电、熏蒸、防汛抗台、设备操作、出入库作业等安全管理工作，

确保“人安、粮安、库安”。

2. 强化技术培训。为进一步提升现场安全管理人员及安全员的专业素质，举办特种作业人员安全技术培训与持证考试培训，并取得相应的资质证书。参加《安全生产“十三五”规划》解读、突发事件应急处置、事故隐患排查治理、重大危险源辨识、消防安全管理的培训学习情况，并结合本企业安全管理实际，进行安全知识培训。

3. 提高防范意识。为进一步增强全员安全意识，举办安全生产专题培训讲座，聘请国家注册安全工程师、专家库专家授课，全体员工及各项目施工单位、装卸队负责人参加。培训的主要内容：2016 年安全生产形势、现场安全作业管理与事故处置、各种事故伤害的案例分析、如何加强直属库安全管理、《职业卫生法律规范及安全风险与防控》等内容。要求全体人员要增强对安全生产知识培训重要性认识，进一步提高现场作业安全管理的履职监管能力。每次培训结束后，均组织了安全知识测试。

（二）建章立制，严格落实防范整改措施

1. 进一步强化施工队伍管理。事故发生后，要求施工单位立即停止一切作业，并设立警戒线，全力保护事故现场；建立严格的管理人员驻守、门房值班等制度；并根据邵武住建部门及监理公司下达的工程停工令，督促施工单位做好工程暂时停工的后续整改工作。为确保春节期间的安全，加强门房值班制度，增加值班人员，同时又专门增设 1 个安全岗，由 4 名保安人员 24 小时专人轮流值守。

2. 进一步开展隐患排查治理。春节前，库主任带领有关科室负责人、安全员，再次组织开展节前安全生产自查自纠及隐患排查治理，重点对基建作业现场、用火用电管理、出入仓作业现场等重点部位进行隐患排查，对检查中发现的问题，提出整改要求及整改时限，明确要求各职能部门及责任人抓好整改，做好存在问题的跟踪销号管理，确保存在的隐患问题件件有跟踪、事事有落实。同时，会同监理单位排查施工现场隐患，扩大现场警戒区域，要求施工单位按照规范要求，做好吊篮等重大危险源安全防护工作。对于排查中发现的问题，要求施工单位立即进行整改落实，并要求通过各方验收合格。开展节前安全生产大检查，检查组对库区消防、用电、仓储维修改造、员工倒班房建设、食堂等生产生活设施进行全面检查，对存在问题提出了相应的整改措施和建议。

3. 进一步加大施工现场监督力度。自 2 月 5 日起，除土建项目外各班组陆续开工，抽调多名专职安全员，加大施工现场监督力度，会同监理单位落实早班教育会，切实监督各班组班前五分钟会议，做好上岗安全检查。同时，为进一步加大施工现场监管力度，抽调副科长（已考取安监部门颁发的安全员证）到项目施工现场作为安全监管负责人，实行施工全过程跟踪巡查，落实整改措施。春节后项目复工至今，严格落实监理、施工单位人员到岗制度，多次召开监理例会，加强管理并提高管理人员业务水平，重点对施工单位加强安全教育，督促施工单位做好三级教育，落实安全意识到岗到人。并会同监理、施工单位进行施工现场安全隐患大排查，发现问题即要求立即整改，同时跟踪落实整改情况，并进行复查验收。

（三）齐抓共管，发挥专项监督检查作用

1. 进一步强化工程质量监督。为确保工程质量，对在建项目实行差异化监管，进行专项质量、安全检查，重点进行施工现场质量、安全排查及新吊篮安装单位的资质、相关证件资料检查。

2. 进一步强化施工设备检查。为确保施工设备安全，积极配合福建省建设厅起重机械类设备的专家，到施工现场进行吊篮安装等方面的情况检查，查看分析吊篮事故原因；同时配合邵武市建设工程质量安全监督站，对施工现场安全生产条件进行了核查，对提出的整改意见和建议，督促施工单位及时落实整改。

3. 进一步落实监理工作职责。督促监理单位加大力度监督作业吊篮的相关工作：高处作业吊篮安装、移位、拆卸应由吊篮安拆单位负责，吊篮安拆企业要有相应工作的安拆资质；作业前，应当编制吊篮安装、移位、拆卸《安全专项施工方案》和《事故应急预案》，确保吊篮的安装、移位符合相关技术标准和吊篮产品使用说明书的要求；钢丝绳选型应符合规范要求，吊篮悬挂机构应具有足够的强度和刚度，作业人员应按规定佩戴安全带，安全带应挂设在单独设置的安全绳上，严禁安全绳与吊篮连接，超过有效标定期的吊篮安全锁应当经检测机构检测标定后方可使用。施工单位应与吊篮使用单位签订《吊篮安拆合同》及《安全协议书》。目前新吊篮施工方案已审批；吊篮现场已安装完毕；吊篮安全锁经上海市建筑科学研究院检验合格；专业检测单位对吊篮进行了整体检测合格；新装吊篮经总包、安装、使用、监理四方验收合格；监理及施工单位已对吊篮作业人员进行安全技术交底。同时，督促监理单位严格审查施工机具、机械，严禁不符合要求的机具、机械投入使用。

案例四：惠州大亚湾分库项目工地“10·23”高处坠落事故

2016 年 10 月 23 日，中央储备粮惠州直属库有限公司大亚湾分库（以下简称“大亚湾分库”）项目工地发生一起高处坠落事故，造成 1 名施工工人死亡，直接经济损失 108 万元。

一、事故单位及项目概况

项目建设单位为大亚湾分库，于 2015 年 3 月 31 日取得企业投资项目备案证，2016 年 2 月 18 日取得《建设工程规划许可证》，2016 年 4 月 13

日取得《建筑工程施工许可证》。施工单位为镇江四建建设有限公司（以下简称“四建公司”），位于江苏省镇江市丹徒区谷阳镇。监理单位为中国国际工程咨询公司，位于北京市海淀区车公庄西路32号。事故发生地点为在建的39号浅圆仓，该仓直径25米，作业高度23.24米—28.90米。

二、事故经过及救援情况

2016年10月20日，当地住建局印发《关于做好今年第22号台风“海马”防御工作的通知》，要求全区建设、施工和监理单位停止施工作业，做好防御措施。该扩建项目施工单位于10月20日印发了《停工通知》，要求在未接到复工通知的情况下，严禁自行进入现场进行作业。四建公司项目部在20日晚召开会议，要求各单位停止施工。10月22日晚，负责39号浅圆仓的木工组张某、方某、周某俊三人商议第二天去完成因受台风影响拖延的施工任务。2016年10月23日上午，台风过后，项目部安排相关管理人员对施工现场进行安全排查。早上6时30分，木工班组张某、周某俊、方某等五人根据带班周某斌要求，到39号浅圆仓拆除仓顶模板。周某斌同意木工班组到39号仓拆模。张某等5个工人通过现场小门（无人看守）来到施工现场，从39号仓外侧的斜道、仓顶的预留口进入仓内进行拆模作业。张某当时没有系挂安全带、没有穿防滑鞋，约9时30分，张某不慎从26米处的拆模作业平台上坠落，穿过安全兜网洞口坠落至地面，周某俊马上在仓顶喊人，然后周某俊、方某等四人下到仓底救人。同时，在外安全排查人员发现后立即报告项目部。

项目副经理叶某9时40分接到报告后立即拨打120电话，并在120医生指导下实施前期救治。医院120在9时52分接到任务，派出救护车到达现场对工人实施抢救，经抢救无效死亡后报110指挥中心，当地派出所工作人员立即赶赴现场，进行现场勘验后确认死因无可疑并出具

《居民死亡医学证明书》。

三、事故原因分析

经地方安监部门认定，事故原因如下：

（一）直接原因

张某安全意识淡薄，未按规定系安全带、未穿防滑鞋，登上26米高脚手架平台上拆模作业时，重心失稳，失足坠亡是事故的直接原因。

（二）间接原因

1. 四建公司安全生产主体责任不落实，安全生产管理不到位，安全生产教育培训不到位，致使从业人员安全防范意识淡薄。在日常工作中有开展工人入场三级教育，但未按规定开展班前活动，未采取切实有效措施确保停工到位，没有严格执行公司制定的门卫制度，安全管理不到位。受2016年10月22日“海马”台风影响，工地23日处于停工复查期间，施工单位只在工地周边拉设警示带，未在施工现场安排专人看守，导致张某进入工地作业。

2. 四建公司项目安全管理人员履责不到位。项目经理未按安全职责要求定期开展安全检查，未督促项目安全管理人员落实班前活动，未在台风影响期间及时回岗开展相应的防范工作。项目副经理、项目安全员未及时检查发现39号浅圆仓工地二层网兜被拆开一洞口的安全隐患；木工班带班周某斌没有接到开工指令就同意工人进场施工，未制止工人违章冒险高处拆模作业。

四、事故责任追究

（一）地方安监部门事故处理建议

1. 四建公司（施工单位）安全生产主体责任不落实，安全生产管理不到位，建议由当地安全生产监督管理局对其依法给予行政处罚。

2. 中国国际工程咨询公司（监理单位），对施工单位是否采取措施停工监督不到位，建议区住建局对其作出处理。

3. 大亚湾分库（建设单位）履行安全生产统一协调、管理不够到位，建议由其上级单位分公司依据内部管理规定对相关人员作出处理。

4. 张某安全意识淡薄，不佩戴好防护用品进入工地违章冒险作业，对事故发生负有直接责任，鉴于其已经死亡，不再追究。

5. 四建公司项目经理，对事故隐患排查治理不到位，没有督促项目安全管理人员落实班前活动，没有在台风影响期间及时回岗开展相应的防范工作，对事故发生负有主要领导责任。建议由当地安全生产监督管理局根据相关规定对其处罚。

6. 四建公司项目副经理、安全员和木工班带班对事故隐患排查治理不到位，没有督促员工做好班前教育，没有阻止工人违章行为，对事故发生负有责任。建议以上三人由四建公司依据内部管理有关规定对其进行处理。

7. 建议责成住建局向区管委会作出深刻检讨，并由区管委会向全区通报。建议责成当地安全生产监督管理局向区管委会作出深刻检讨，并由区管委会向全区通报。

（二）分公司处理情况

为进一步强化安全生产意识，确保安全生产管理措施落实到位，分公司对直属库以及相关责任人处理如下：

1. 取消直属库 2016 年度先进直属库评选资格和仓储管理业务先进单位评选资格，扣减直属库 2016 年业绩考核相应分值；

2. 分公司约谈直属库主任和书记，对其批评教育，并分别给予 5000 元经济处罚；

3. 给予基建管理员 3000 元经济处罚；

4. 分公司在辖区通报处理决定，以警示直属企业切实加强安全生产工作。

五、整改防范措施

1. 要加强异常天气预测预警。不同施工阶段和周围环境及季节、气候变化，特别是针对台风、强对流、暴雨等恶劣天气，制定周密的、切实可行的应急预案，确保停工期间的各项安全措施落实到位，确保安全。

2. 要加强一线工人安全培训教育和班前活动教育，提高工人的自我保护能力和高危作业保命意识，确保防护措施到位有效。

3. 要加强施工现场的安全防护设施是否正常有效发挥防护作用的检查，加强高危作业工人配用劳保用品的日常检查，发现安全隐患，及时加以整改，将隐患消除在萌芽中。

4. 要加强安全监督检查力度，严格对工程项目的监督管理，特别是要严格监督恶劣天气各项制度的落实情况，采取切实有效措施确保安全。

第五节　触电事故

案例一：辽宁建平直属库“7·25”触电事故

2015 年 7 月 25 日，建昌县永顺铝塑门窗厂作业人员在中央储备粮建平直属库 6 号仓移动脚手架时，发生一起高压线触电事故，造成 3 人死亡、1 人重伤，直接经济损失约 300 万元。

一、事故单位及项目概况

中央储备粮建平直属库位于辽宁省朝阳市建平县，总占地 13.2 万平方米，员工 74 人，内设 3 个分库和 5 个业务科室。建昌县永顺铝塑门窗厂，经营者陈某，实际控制人田某，经营范围为铝塑门窗、彩钢瓦制作、室内外装修服务。

2015 年 6 月 22 日，中央储备粮建平直属库（甲方）与建昌县永顺铝塑门窗厂（乙方）签订《仓房屋顶维修项目施工合同》。工程内容为 1 至 8 号屋顶换彩钢板，木制檐板用蓝色彩钢板包裹，原有屋顶拆除的水泥瓦及垃圾由乙方运出库外。屋顶彩钢板要求白色，厚度 0.5 毫米。合同工期由 2015 年 6 月 23 日至 7 月 30 日，合同工期总数为 38 天。

二、事故经过及救援情况

（一）事故经过

2015 年 7 月 25 日，永顺铝塑门窗厂安排 7 名作业人员对仓房房檐进行包裹作业。上午 11 时许，作业人员完成了 6 号平房仓北侧房檐的包裹作业，决定把移动脚手架推到 6 号平房仓南侧再次进行作业。11 时 30 分许，6 名作业人员在将脚手架从库房北侧推到库房南侧过程中，脚手架触及 10 千伏高压线，导致 3 人触电当场死亡，1 人受重伤，2 人受轻伤。

1. 事发电力线路情况。触电点电力线路距离地面高 7.13 米，边线距 6 号库 5.2 米。电力线路与库房外侧围墙在拐角处形成两次穿越，东侧穿越点距地面高 7.95 米，西侧穿越点距地面高 7.21 米，院墙高度为 3.05 米。

2. 事发脚手架情况。事故脚手架为移动脚手架，共 4 节，长 3.72 米，宽 0.94 米，每节高 1.72 米，接连部高 0.03 米，顶部脚手架连接部高 0.12 米，轮体高 0.16 米，总高度 7.25 米，高出电力线路 0.1 米。

（二）事故处置情况

事故发生后，建平直属库立即启动应急预案，拨打 120 急救电话，并向中储粮辽宁分公司、建平县公安局和安监局报告事故情况。辽宁分公司接到报告后，及时向总公司报告了基本情况。总公司立即派出调查处理小组第一时间赶赴事故现场，指导直属库进行善后处理并配合当地有关部门开展事故调查工作。建平直属库所在地朝阳市人民政府、建平县人民政府主要领导及有关部门都及时赶赴现场，协调处理事故善后工作。7 月 30 日，在事故发生的第 5 天，建平直属库在分公司和当地有关部门指导下，事故得到了平稳妥善处理，事故伤员已治愈，善后处理完成。9 月 2 日，在市政府统一协调下，事故线路移交当地电力管理部门进行线路改造，11 月底完工。

三、事故原因分析

辽宁省朝阳市政府部门事故调查组分析认定，此次事故的直接原因是建昌县永顺铝塑门窗厂施工作业人员违反《电力设施保护条例》第十七条第三、四款的规定，在未采取任何防护措施及没有专业人员现场指导、监护的情况下，将脚手架从库房北侧推到南侧，脚手架触及库房南侧 10 千伏高压线，发生触电，造成人员伤亡；此外，施工作业人员对现场作业环境勘察不够，作业设备高出电力线路。中央储备粮建平直属库虽对施工作业人员进行了入库前的安全教育，但没有在高压线经过的危险区域设置安全警示标识，致使施工作业人员对高压线防范不够。

四、事故责任追究

经辽宁省朝阳市政府部门事故调查组认定，该起事故为一起安全生产责任事故，对相关事故单位及责任人处理建议如下：

（一）有关单位处理建议

1. 建昌县永顺铝塑门窗厂，现场负责人和施工作业人员未经有效安全生产教育培训，在施工前未对现场危险有害因素进行辨识，在作业过程中存在违章作业行为，对事故发生负有责任。建议处50万元的罚款。

2. 中央储备粮建平直属库，安全生产主体责任落实不到位，相关人员安全生产职责不清，对外包单位和施工现场缺乏有效监管。建议处50万元的罚款。

（二）有关责任人的处理建议

1. 建昌县永顺铝塑门窗厂现场负责人田某（实际控制人），未履行安全生产管理职责，致使施工作业人员不具备相应的安全生产知识和意识，作业过程中存在违章作业行为，且未及时消除生产安全事故隐患，对事故发生负有主要责任。建议司法机关依法追究其刑事责任。

2. 中央储备粮建平直属库主任，单位法定代表人，安全生产第一责任人。未履行安全生产管理责任，督促、检查本单位的安全生产工作不力，未及时发现并消除生产安全事故隐患，对事故发生负有责任。建议中储粮辽宁分公司予以其撤职处分。

3. 中央储备粮建平直属库负责仓房顶部换瓦施工管理的2名保管员，未履行安全生产管理职责，未对现场危险有害因素进行告知，对事故发生负有一定责任。建议撤销其安全生产有关资格；同时建议中储粮辽宁分公司予以陈某党内警告处分，依据干部管理权限予以马某相应处分。

中储粮辽宁分公司在朝阳市政府部门事故调查组处理建议的基础上，对部分人员作如下处理：给予中央储备粮建平直属库主任撤职处分；对中央储备粮建平直属库书记诫勉谈话，予以扣除半年绩效奖金的处罚；分别给予负责施工管理的2名保管员党内警告处分。

五、整改防范措施

辽宁省朝阳市政府部门事故调查组对此次事故的整改建议如下：

1. 中央储备粮建平直属库要认真吸取此次事故教训，落实安全生产主体责任，依法依规在危险场所设置安全警示标识，并采取相应的安全防范措施，加强对施工现场的安全监管，及时发现和制止作业人员的违章作业行为，强化外包单位的安全管理，积极开展外包作业人员入库前的安全教育培训，提高外包作业人员的安全生产意识，杜绝类似安全生产事故的发生。

2. 中储粮辽宁分公司应该认真吸取事故教训，总结事故经验，加强对各直属库的安全管理，督促各直属库落实安全生产责任制，修订完善各项安全生产管理制度和操作规程，切实抓好安全生产教育和培训，加强作业现场安全管理，强化相关方安全管理，提高各直属库的本质安全水平。

3. 朝阳市供电局、建平县人民政府和中央储备粮建平直属库应尽快按照市政府会议要求，对10千伏镇干线309分线路进行安全隐患整改，务必于一个月内完成整改。整改期间，建平县供电局要保证供电，同时加大线路巡查力度，确保线路安全运行。

案例二：天津奥建建筑工程公司“4·26”触电事故

2013年4月26日，中央储备粮天津宁河直属库发生一起移动登高作业架触碰高压线事故，造成2人死亡、1人受伤。

一、事故单位及项目概况

天津市奥建建筑工程有限公司为建筑施工企业，注册地在天津市宁河县，2012年12月11日与中央储备粮宁河直属库签订了B区仓房外墙加固粉刷施工合同。

二、事故经过及救援情况

2013年4月26日上午8时，天津市奥建建筑工程有限公司负责中央储备粮宁河直属库B区仓房外墙加固粉刷工程，该项目负责人吴某安排包工头史某在完成了B区仓房外墙粉刷后，再去库区东侧库房进行粉刷外墙作业，上午9时左右，史某等人将B区库区的平房仓外墙粉刷完成后，安排裘某、郝某、陈某等3人去东侧库区进行外墙粉刷作业，并要求裘某将移动脚手架拆下来用平板车拉到下一个作业点，裘某、郝某二人对最顶部的脚手架进行拆解，但只拆卸了一面，另一面因连接牢固没能拆除，二人从脚手架下来后，裘某说："不拆了，推过去算了。"当即郝某、裘某推着移动脚手架（共4层，每层高1.7米，总高度近7米），陈某跟在二人后面3.5米左右处，当二人走到距第7号、9号平房仓东面库区主干路23米处时，移动脚手架与横贯主干道的35千伏高压线（距地面6.8米）搭接，致郝某和裘某当场触电死亡，陈某右手、右脚被电弧烧伤。事故发生后，现场其他人员立即拨打110报警，并将伤者送往天津市武警医院救治。

事故发生后，宁河直属库立即向当地政府及有关部门和中心库报告。上午10时许，分公司接到报告后，即派中心库主任赶赴宁河直属库按分公司指令协助处理善后事宜。同时，分公司副总经理带机关处室负责人赶赴宁河直属库进一步了解情况，并与当地有关部门沟通，稳定库里工作秩序和配合处理善后事宜。

三、事故原因分析

（一）直接原因

郝某、裘某在移动脚手架（高7米）过程中，脚手架搭碰到空中的

35千伏高压线（距地面6.8米）上，致郝某、裘某当场触电死亡和陈某受伤，是造成这次事故发生的直接原因。

（二）间接原因

1. 安全管理、安全检查、安全教育不到位。施工队管理人员在安排作业人员从事作业前未制定施工方案，未按规定对整个作业现场进行安全检查，未能发现存在的安全隐患，安全制度、操作规程不健全。未对作业人员进行岗前安全教育，在移动脚手架作业前未进行安全交底，是这次事故发生的间接原因。

2. 安全监管不到位。中央储备粮宁河直属库有关人员对施工人员监管不严，协调、管理、监督和检查不到位，是这起事故发生的其他原因。

四、事故责任认定及追究

（一）事故责任认定

1. 直接责任者：裘某、郝某二人在移动脚手架作业中没有按照施工队长史某的要求将脚手架拆下用平板车运走，违反了《安全生产法》第四十九条的规定，在这起事故中应承担直接责任。

2. 主要责任者：

（1）史某作为中央储备粮天津宁河直属库B区平房仓外墙加固粉刷工程的现场负责人，未按规定制定施工方案、安全操作规定，未对作业现场周边环境进行勘察，安全检查不到位，未对作业人员进行安全交底，安全教育不到位，违反了《安全生产法》第三十六条规定，其在这起事故中应承担主要责任。

（2）吴某作为该项目主要负责人，未按规定建立健全本单位安全生产责任制，未组织制定本单位安全生产规章制度和操作规程，未督促检查本单位的安全生产工作，未及时消除生产安全事故隐患，违反了《安全生产法》第十七条有关规定，在这起事故中承担主要责任。

3. 监管责任：中央储备粮宁河直属库主管安全生产工作的负责人和安全部门负责人，未对施工队作业人员进行进场前安全教育，施工过程中安全检查不到位，监督不力，违反了《安全生产法》第四十一条规定，二人在这起事故中应当承担监管责任。

（二）对事故责任者的处理意见

宁河县安监部门对相关责任人处理建议如下：

1. 直接责任者裘某、郝某，在这起事故中已死亡，不再追究责任。

2. 建议对主要责任者史某给予开除处理。

3. 建议对主要责任者吴某依据《生产安全事故报告和调查处理条例》第三十八条第一款的规定，处上一年度收入30%的罚款。

4. 建议对中储粮宁河直属库负责安全相关责任人给予行政警告处分。

5. 建议依据《生产安全事故报告和调查处理条例》第三十七条第一款的规定，对事故单位天津市奥建建筑工程有限公司处人民币10万元的行政处罚。

北京分公司给予库主任行政记过处分，扣发2012年10%年终奖金；给予主管副主任行政警告处分，扣发2012年10%年终奖金。

五、整改防范措施

宁河县安监部门对事故防范及整改措施建议如下：一是事故单位完善各级安全生产责任制，各项安全生产管理制度和各个工种的安全生产操作规程，健全安全检查台账和员工安全教育台账。二是开展一次全公司员工安全教育，重点学习安全管理制度和安全规程，通过开展安全教育使员工提高安全意识，杜绝违章操作。三是开展一次全公司的隐患排查，重点是施工方案的制定与审核，吸取事故教训，时刻警钟长鸣。四是中储粮宁河直属库要完善外来施工队伍的安全管理制度，健全安全责任制，明确责任，加大对外来施工队伍的监管力度。

北京分公司整改措施如下：一是严格审核各施工单位资质资格，选择有施工资质，有经济实力的单位施工。二是与施工单位签订合法有效的《施工合同》和《安全施工协议》。三是施工期间落实安全制度、安全教育、安全责任、安全措施、施工人员管理“五到位”。四是开展一次施工项目安全大检查。

第六节　其他类型事故

案例一：萝北宏图粮油实业公司“8·27”物体打击事故

2018 年 8 月 27 日，萝北县宏图粮油实业有限公司（以下简称“宏图实业公司”）在粮食装车过程中发生一起物体打击事故，造成 1 人死亡，直接经济损失 65 万元。

一、事故单位概况

宏图实业公司位于黑龙江省鹤岗市萝北县凤翔镇二十委 12918 号（过境路中段南侧），成立于 2007 年。该库点为中央储备粮鹤岗直属库有限公司租仓库点。鹤岗直属库与该租仓库点签订了《仓储设施设备租赁合同》和《租仓作业劳务外包合同》，此次事故发生在宏图实业公司外调玉米装车过程中。

二、事故经过及救援情况

2018年8月27日7时，黑龙江省庆安县个体运输户尚某会同驾驶员冯某驾驶车辆（车号为黑MH1268）进入宏图实业公司装玉米。大约8时许，当车即将装满时，装车工人普某发现货车尾部无法继续装车，随即操作车载链式装粮机向后倒车，在倒车1.5米左右距离刹车时，车上装载的链式装粮机突然倾倒，将正在运输车辆后部查看装粮进度的车主尚某砸倒，导致事故。事故发生后，现场工人普某、赵某、隋某以及运输车驾驶员马上赶到出事地点，会同一起赶来的其他人员将被砸的尚某从装粮机下抬出，同时，普某拨打了120急救电话，经抢救无效尚某死亡。萝北县安监部门要求宏图实业公司立即停止装粮作业并认真做好死者尚某的善后工作，宏图实业公司按照要求与尚某家属联系，并于8月30日达成协议，按照国家标准对家属进行了赔偿。

三、事故原因分析

经萝北县安监部门组织的事故调查组调查分析认定，此次事故的原因如下：

1. 运输车主违规站在危险区域是导致事故发生的直接原因。

2. 作业工人未接受正规的安全教育和培训，对规章制度、操作规程未熟练掌握并遵照执行，安全意识差，是导致事故发生的主要原因。

3. 作业工人使用“三无”机械设备进行作业，是导致发生事故的主要原因。

4. 公司安全监管人员不具备安全管理资格，且未在作业现场监督检查是导致事故发生的原因。

5. 公司负责人对安全管理流于形式，对进入作业现场的机械设备未安排专人检查，未要求安全管理人员现场跟班检查，管理规章制度不健全是导致事故发生的主要原因。

6. 行业主管部门对该公司存在的安全隐患未及时发现也是导致事故发生的原因。

四、事故责任追究

萝北县安监部门事故调查组对事故相关责任认定处理建议如下：

（一）相关责任人认定处理

1. 尚某，黑龙江省庆安县个体车主，违规站在危险区域是导致事故发生的直接责任者。因其在事故中死亡，免于处罚。

2. 普某，宏图实业公司临时雇工。使用“三无”产品的机械设备进行生产作业，是导致事故发生的主要责任者。建议县安监局对其罚款人民币 2000 元。

3. 宏图实业公司兼职安全管理人员，安全意识淡薄，作业现场安全管理不到位，对作业现场存在的安全隐患未及时发现并制止，未在现场跟班检查是导致事故发生的主要责任者。建议县安监局对其罚款人民币 5000 元。

4. 宏图实业公司负责人，未尽到安全管理职责，对工人安全教育、安全培训流于形式，致使工人安全意识差，任用安全管理人员不利，对库内作业的机械设备未安排人员进行检查是导致事故发生的主要责任者。

5. 萝北县工科信局负责人，作为行业主管部门主要领导，未尽到安全管理职责，对本行业内企业在作业过程中存在的安全隐患未及时发现，是导致事故发生的领导责任者。建议纪检监察部门对其进行警示谈话，建议其在工科信局党员会上做深刻检查。

（二）对事故单位的处理意见

宏图实业公司，是本次事故的责任主体。由于企业的安全管理不到位，致使发生事故，对事故的发生负有主要责任，建议县安监局对其罚款人民币20万元。

五、整改防范措施

萝北县安监部门组织的事故调查组对事故整改防范建议如下：

1. 萝北县宏图粮油实业有限公司要吸取事故教训，强化领导的安全意识，摆正安全与生产、安全与效益的关系。要对企业工人进行全面的安全生产培训，提高工人的安全防范意识和自我保护能力。

2. 萝北县工科信局要加强对全县行业内企业安全生产的监督管理，查找安全隐患，及时采取必要的措施加以整改，避免事故再次发生。

案例二：福建邵武直属库“12·6”库内道路交通事故

2017年12月6日，中央储备粮邵武直属库发生一起库内道路交通事故，造成1人死亡。

一、事故单位及项目概况

中央储备粮邵武直属库位于福建省邵武市解放西路349号，为全民所有制企业。岳阳正通汽车租赁服务有限公司，注册地址为岳阳市云溪区云溪乡胜利村茶埠组（岳阳市金润达机动车安全技术检测有限公司508号）。

二、事故经过及救援情况

2017年11月28日、11月29日、12月2日益海嘉里（上海）国际贸易有限公司分别发了三份《提货委托书》给中央储备粮邵武直属库，提取中储粮油脂有限公司中央储备油脂油料。2017 年 12 月 5 日，周某根据岳阳正通汽车租赁服务有限公司安排，驾驶 F24778 号重型半挂牵引车（后牵引湘 F3433）到达邵武。2017 年 12 月 6 日 9 时 30 分许，周某驾车入库运油，入库后周某将车开到粮库过磅处进行过磅，过完磅后驾车前往粮油储存点。9 时 38 分，周某驾车沿邵武直属库 1 号大门方向往 5 号大门方向行驶，吴某驾驶二轮摩托车沿邵武直属库仓储科办公室 17 号仓库间的便道往直属库 1 号大门方向行驶，两车在交叉路口发生碰撞，造成吴某受伤及车辆损坏。在距离事故发生地约 20 米的储油点作业的黄某听到撞击声音，看到有人和摩托车倒在油罐车的保险杆下面，立即拨打了 120 和库领导电话。9 时 40 分许，直属库领导先后到达事故现场。9 时 51 分，邵武市立医院 120 急救车到达现场，进行现场急救后将伤者送至医院继续救治。12 月 7 日，伤者吴某医治无效死亡。

三、事故原因分析

邵武市安监部门调查认定此次事故是一起一般生产安全责任事故，事故发生的原因如下：

（一）直接原因

1. 当事人吴某驾驶车辆通行库区道路，行驶车速已超过库区内限制的最高时速（限制时速 5 千米/时，实际时速 17 千米/时）、左转弯时未能让直行的车辆先行，与事故发生有直接因果关系。

2. 当事人周某驾驶车辆通行库区内道路，未能确保安全行驶、行驶车速已超过库区内限制的最高时速（限制时速 5 千米/时，实际时速 31 千米/时），与事故发生有直接因果关系。建议当事人吴某、周某负事故同等责任。

（二）间接原因

1. 中央储备粮邵武直属库安全生产管理制度不够完善，虽然对粮食运输车辆进入库区大门时，在门卫处有签字背书，告知安全注意事项，但未能根据库区内各类车辆出入库频繁的特点，有针对性地制定本库区员工在库区内行车的安全管理制度。

2. 中央储备粮邵武直属库安全管理制度执行还不够严格，对普遍存在本库区员工及外来驾驶员在库区内驾驶车辆超过限制时速为 5 千米/时的现象，未能采取有效措施进行制止。

3. 中央储备粮邵武直属库对员工的道路交通安全教育不够到位，员工在库区内行车速度未执行库区内驾驶车辆不得超过 5 千米/时的要求，道路交通安全意识淡薄。

4. 岳阳正通汽车租赁服务有限公司落实企业安全生产主体责任不到位，未能落实全员安全生产责任制，未与周某签订安全生产责任书。

5. 岳阳正通汽车租赁服务有限公司对驾驶员安全行车教育不到位，公司安全管理制度不健全，未及时掌握员工周某的驾驶证在 2017 年度被扣 9 分的情况，并采取相应的管理措施，督促其依法依规安全驾驶。

四、事故责任追究

（一）安监部门对事故责任认定及处理

1. 对事故相关人员的责任认定：一是中央储备粮邵武直属库主任，企业安全生产第一责任人，对员工道路交通安全意识淡薄，违反库区限速规定行车现象失察；对库区主干、支干等交叉路口未按规定设置交通安全标志、标线，安全生产管理工作履职不到位，对事故发生负有责任，给予 60000 元罚款的行政处罚。二是时任中央储备粮邵武直属库法定代表人，在直属库任主任期间，未健全库区行车安全管理制度，对事故发生负有责任。三是中央储备粮邵武直属库安全生产分管领导，协助主任健全、完善安全生产相关制度不到位，督促员工执行库区限速规定行车不到位，对事故发生负有责任。建议中央储备粮邵武直属库按规定进行处理。四是中央储备粮邵武直属库轮换购销科科长，对科室人员未遵守库区车辆限速规定失察、失管，对事故发生负有责任。五是岳阳正通汽车租赁服务有限公司实际控制人，履行企业主要负责人的职责不到位，对员工安全行车教育不到位，对周某 2017 年度驾驶证被扣 9 分的情况失察、失管，对事故发生负有责任。六是重型半挂牵引车司机，未确保安全行车，未遵守直属库库区 5 千米/时限速规定，对事故发生负有责任。

2. 对事故责任单位的处理：一是给予中央储备粮邵武直属库 200000 元罚款的行政处罚。二是建议湖南省岳阳市云溪区交通运输管理部门按有关规定对岳阳正通汽车租赁服务有限公司进行处理。

（二）福建分公司责任追究情况

中储粮福建分公司根据邵武市安监部门对此次事故的责任认定及有关情节，对相关人员责任追究如下：一是给予邵武直属库主任行政记过处分，扣减工资办法按照邵武市安监部门处罚决定执行；二是给予邵武直属库 2 名副主任行政警告处分，各扣减 2017 年绩效工资 10000 元；三是对邵武直属库时任法定代表提醒谈话；四是责成邵武直属库对相关科室负责人进行严肃处理。

五、整改防范措施

邵武市安监部门对此次事故的整改防范建议如下：

1. 中央储备粮邵武直属库应健全完善库区车辆安全生产管理制度，明确是否允许员工在库区内驾驶机动车辆，以及与道路交通有关的注意事项；应加强员工道路交通安全教育，提高道路交通参与人的安全意识；

应推行安全风险分级管控制度，强化现场隐患排查治理，在库区进行粮油调运时，针对运输车辆频繁出入库区现象，应加强交通安全的宣传，对违反库区交通安全管理规定的行为应及时进行制止。

2. 中央储备粮邵武直属库要针对20世纪60年代、70年代、80年代建成的老库，“T”型路口多、支路进主路视线不良等特点，增加技防、物防措施，设相应的标线、标识、减速带、凹凸镜等，并适时进行检查、维护和更新。

3. 中央储备粮邵武直属库要按照中储粮总公司和中储粮福建分公司的相关制度要求，尽快完善库区道路交通标识、标线制作，应深刻吸取此次事故教训，并举一反三，从人的不安全行为、物的不安全状态及管理上的缺陷着手，对库区进行全面的安全隐患排查，确保库区安全生产。

4. 岳阳正通汽车租赁服务有限公司应落实企业主体责任，落实全员安全生产责任制，提高驾驶员的安全意识，加强对驾驶的日常行车记录的管理，制定相关制度，及时掌握驾驶员的行车扣分情况，对扣分严重的驾驶员要采取必要的措施，督促驾驶员依法依规安全行车。

5. 邵武市粮食局应履行行业监管职责，督促中央储备粮邵武直属库严格落实上级安全管理的政策要求，督促其将隐患排查、治理工作落到实处。

案例三：五大连池市“6·1”一般道路交通责任事故

2018年6月1日，嫩江直属库有限公司在中央储备小麦轮换出库过程中，发生一起因购粮客户车辆超载压塌桥面，造成2人溺水死亡的一般道路交通连带责任事故。

一、事故经过

2018年5月31日，嫩江直属库有限公司小麦轮换出库过程中，购粮客户雇佣的货车司机孟某驾驶辽 ML6628 号车在仓内装载了 52960 公斤散装小麦，按照出库业务流程办理完出库手续后离开库区。2018 年 6 月 1 日 3 时 18 分，孟某驾驶车辆行驶至五大连池市四平乡公路 5 公里 +500 米处，在通过桥梁时将桥面压塌，孟某未采取任何警示措施，驾车逃逸。2018 年 6 月 1 日 3 时 32 分，五大连池市居民王某酒后驾驶黑 NE4826 号夏利牌轿车在该公路超速行驶至塌落桥面时，因采取措施不当翻入水中，造成 2 人溺水死亡。

二、事故原因

经黑龙江省应急管理厅事故调查认定，事故原因如下：

（一）直接原因

1. 桥梁垮塌原因："6·1" 事故当事人孟某驾驶辽 ML6628 号红色重型仓栅式货车严重超载运输，直接导致桥梁整体板断裂、垮塌。

2. 轿车坠桥致人死亡原因：桥梁垮塌事故发生后，辽 ML6628 号重型货车驾驶员孟某没有向有关部门报告，没有采取任何安全措施，驾车逃逸，埋下安全隐患。随后，驾驶员王某（存在超速行驶、酒后驾驶违法行为，且车辆制动性能不良）驾驶黑 NE4826 号夏利牌轿车途经此桥，坠入桥下导致 2 人溺水死亡。

（二）间接原因

1. 辽宁省铁岭市捷顺运输有限公司，系辽 ML6628 号解放牌红色重型仓栅式货车产权单位。安全生产主体责任落实不到位，未建立健全安全生产规章制度，未制定安全生产教育和培训计划，未制定隐患排查治理制度，未制定生产安全事故应急救援预案。未及时维修肇事车辆动态监控终端设备，对肇事货车超速、超载、非法改装、车辆动态监控失效等重大隐患问题失管失控，监督检查不力。

2. 中储粮嫩江直属库源头企业治超主体责任不落实，严重违反《黑龙江道路货物运输源头治理超限超载暂行办法》（省政府2号令）第十二条规定，对防范超载装车问题未采取任何措施。未按规定建立责任追究制度、源头治超登记、统计制度和档案；违反省政府2号令第十三条关于“严禁为载货汽车超标准装载、配载”和“违反规定计重、开票”等规定，导致肇事货车超载；企业未对货车装载、开票、计重等相关人员进行有关治理超限超载方面业务培训，企业主要负责人、分管负责人以及重要岗位员工不了解治理超限超载方面的法律责任，缺乏源头治理企业治超意识。

3. 嫩江县道路运输管理站、五大连池农村公路管理站、五大连池风景区交警大队和五大连池交警大队均存在不同程度的问题，对该起事故负有一定责任。

三、事故责任追究

（一）对相关责任人责任追究

1. 孟某，辽ML6628货车驾驶人。驾驶非法改装的超载货车压塌桥面，未进行看护、未及时报警也未设置警示标志，肇事后逃逸，对桥面坍塌事故负有直接责任。移交司法机关处理。

2. 盛某，辽宁省铁岭市捷顺运输有限公司经理，负责公司日常管理工作。对事故发生负有主要管理责任，由安全监管部门依据《安全生产法》第九十二条规定，处上年收入30%罚款。

3. 对嫩江县道路运输管理站、五大连池农村公路管理站、五大连池风景区交警大队和五大连池交警大队相关人员给予不同程度的行政处罚。

4. 北方公司分别给予嫩江直属库有限公司总经理及分管安全副总经理处罚，责成嫩江直属库有限公司对相关责任人进行处理。

（二）对相关责任单位责任追究

1. 铁岭市捷顺运输有限公司。五大连池市安全监管部门按照《安全生产法》第一百零九条规定，给予其30万元处罚；建议辽宁省铁岭县运输管理所依据《道路运输条例》规定，暂扣其道路运输经营许可证，责令停业整顿。

2. 中储粮嫩江直属库有限公司。五大连池市安全监管部门按照《安全生产法》第一百零九条规定，给予中储粮嫩江直属库有限公司25万元罚款。

四、整改防范措施

（一）牢固树立安全发展意识

牢固树立安全生产红线意识，一切工作要以安全为前提，坚持不安全的发展不要，不安全的效益不取。各单位要召开事故通报会，通报事故、反思问题、举一反三、警钟长鸣。组织开展安全生产法规专题培训，严格落实三级安全教育培训，重点加强单位主要负责人、分管负责人、安全管理人员培训，把劳务派遣人员纳入统一培训。

（二）严格落实安全生产责任

按照“党政同责、一岗双责、齐抓共管、失职追责”的总要求，坚持“管业务必须管安全、管生产经营必须管安全”，全面落实企业安全生产五落实五到位责任体系。按照“一人一区块、一区一清单、一月一考核、一岗一奖金”原则，深化安全生产全员责任制，建立和完善涵盖单位负责人、分管负责人、党政各部门、企业各岗位的安全生产责任制，层层压实安全生产责任。

（三）全面排查整治安全隐患

按照“全覆盖、零容忍、严执行、重实效”的要求，立即组织全辖区安全生产大检查，单位领导要亲自带队、亲自抓、亲自管。重点针对事故原因，全面排查外包作业、治超限超、交通安全、生产作业等问题。要及时制定整改措施，落实隐患整改销号制度。

（四）完善安全生产管理制度

全面梳理劳务外包、承包商管理、农业生产、仓储管理、交通运输、劳动防护等安全生产环节，尽快梳理完善安全生产管理制度和作业规程。全面落实安全生产法律法规，规范执行各项安全管理制度，健全安全生产管理体系。

（五）加强外包作业安全管理

严格审核承包商资质，明确双方安全生产责任。审核外包单位作业资质，签订安全生产协议，严禁“以包代管”“包而不管”。加强外包作业现场安全管理，落实对作业人员的岗前培训和安全交底，作业现场应指派专人进行安全监管，及时制止违规作业、违章操作行为。

案例四：张家界通津铺分库“4·20”意外事故

2016 年 4 月 20 日，中央储备粮张家界直属库慈利分库通津铺库区发生一起院墙倒塌，致 1 人死亡的非生产安全事故，直接经济损失 26 万元。

一、事故单位及项目概况

中央储备粮张家界直属库位于张家界市永定区官黎坪 001 号，慈利分库通津铺库位于慈利县通津铺镇通津铺村。通津铺分库按使用性质分为库区（储存区）和生活行政办公区两部分，生活行政办公区占地 29 亩，共有围墙约 358 米，围墙始建于 20 世纪 70 年代，全部为三合泥结构

（砖、黄土、泥沙构成），事故发生在通津铺生活行政办公区西侧，与“杨通”公路垂直方上坡10米位置的围墙外侧。事故发生区域为一斜坡，坡度约为15度。事故发生位置在通津铺分库生活行政办公区与通津铺镇通津铺居委会9组居民唐某宅基交界处，中间为一条宽2.5米的简易通道。发生坍塌的围墙高度约为2米，坍塌长度约为8米，围墙坍塌后的砖块平铺在围墙西侧的通道上。围墙东侧紧贴围墙的是高约3米的土堆，土堆由多年前的锅炉煤渣、生活垃圾堆积而成。2016年4月20日，慈利县是强降水天气，全县最大降雨量为64.9毫米，达到暴雨量级。

二、事故经过及救援情况

2016年4月20日18时30分左右，通津铺镇通津铺居委会9组居民唐某从“杨通”公路右拐沿通津分库生活行政办公区西侧围墙外的简易通道回家吃饭，途经事故发生地点时，围墙突然坍塌，唐某被坍塌的砖块砸中头部受伤。事故发生后，唐某家人黎某听到屋外的异响，跑出家门查看情况，发现围墙坍塌，便拨打唐某电话，无人接听。同时听到坍塌围墙的砖块中有电话铃声，便迅速跑近查看情况，发现唐某被坍塌围墙的砖块砸伤倒地，便大声呼救。通津铺分库生活行政办公区值班门卫听到呼救声，赶到现场了解情况后，迅速通知通津分库物流科科长任某。18时40分左右，任某赶到现场后拨打120电话，18时50分左右，通津铺镇卫生院急救车赶到现场，随行医生发现伤者病情较重，建议直接送上级医院进行抢救。黎某、任某一行紧急将伤者送往慈利县人民医院。21时，伤者唐某抢救无效死亡。

三、事故原因分析

慈利县安监部门事故调查组调查认为，事故发生的主要原因是事发当天事发区域遭遇强降雨，事发地点的围墙受到山水浸泡、冲刷而松散，在自身重力和内侧土堆的挤压力作用下坍塌所致。

四、事故责任追究

慈利县安监部门事故调查组调查认为，本起事故是一起非生产安全事故。该起事故虽然认定为意外事件，但反映出张家界直属库在日常安全管理方面仍存在薄弱环节，并造成了一定经济损失。中储粮湖南分公司党组和张家界直属库党委对相关责任人给予如下处理：给予张家界直属库主任诫勉谈话处理；责成张家界直属库对慈利分库主任诫勉谈话处理，并扣罚1个月绩效工资；给予通津分库物流科科长、分库安全员警告处分，扣罚1个月绩效工资。

五、整改防范措施

慈利县安监部门防范建议如下：

1. 事故单位要重点加强汛期安全生产工作，要预防极端天气下库区和生活行政办公区内设备、设施运行安全。

2. 事故单位要深刻吸取此次事故教训，要迅速开展一次全面的安全隐患排查行动，对存在的安全隐患要及时采取有效措施进行整改。

3. 建议通津铺镇人民政府要强化属地管理职责，督促党政领导干部、街道主要负责人履行安全监管职责。同时，要进一步加强安全监察人员、属地企业主要负责人和安全管理人员的业务培训，提高安全生产监督监察业务水平。

附　　录

附录1　中华人民共和国安全生产法[①]

目　　录

① 中华人民共和国安全生产法，根据2021年6月10日第十三届全国人民代表大会常务委员会第二十九次会议《关于修改〈中华人民共和国安全生产法〉的决定》第三次修正。

第一章　总　则

第一条　为了加强安全生产工作，防止和减少生产安全事故，保障人民群众生命和财产安全，促进经济社会持续健康发展，制定本法。

第二条　在中华人民共和国领域内从事生产经营活动的单位（以下统称生产经营单位）的安全生产，适用本法；有关法律、行政法规对消防安全和道路交通安全、铁路交通安全、水上交通安全、民用航空安全以及核与辐射安全、特种设备安全另有规定的，适用其规定。

第三条　安全生产工作坚持中国共产党的领导。

安全生产工作应当以人为本，坚持人民至上、生命至上，把保护人民生命安全摆在首位，树牢安全发展理念，坚持安全第一、预防为主、综合治理的方针，从源头上防范化解重大安全风险。

安全生产工作实行管行业必须管安全、管业务必须管安全、管生产经营必须管安全，强化和落实生产经营单位主体责任与政府监管责任，建立生产经营单位负责、职工参与、政府监管、行业自律和社会监督的机制。

第四条　生产经营单位必须遵守本法和其他有关安全生产的法律、法规，加强安全生产管理，建立健全全员安全生产责任制和安全生产规章制度，加大对安全生产资金、物资、技术、人员的投入保障力度，改善安全生产条件，加强安全生产标准化、信息化建设，构建安全风险分级管控和隐患排查治理双重预防机制，健全风险防范化解机制，提高安全生产水平，确保安全生产。

平台经济等新兴行业、领域的生产经营单位应当根据本行业、领域的特点，建立健全并落实全员安全生产责任制，加强从业人员安全生产教育和培训，履行本法和其他法律、法规规定的有关安全生产义务。

第五条　生产经营单位的主要负责人是本单位安全生产第一责任人，对本单位的安全生产工作全面负责。其他负责人对职责范围内的安全生产工作负责。

第六条　生产经营单位的从业人员有依法获得安全生产保障的权利，并应当依法履行安全生产方面的义务。

第七条　工会依法对安全生产工作进行监督。

生产经营单位的工会依法组织职工参加本单位安全生产工作的民主管理和民主监督，维护职工在安全生产方面的合法权益。生产经营单位制定或者修改有关安全生产的规章制度，应当听取工会的意见。

第八条　国务院和县级以上地方各级人民政府应当根据国民经济和社会发展规划制定安全生产规划，并组织实施。安全生产规划应当与国土空间规划等相关规划相衔接。

各级人民政府应当加强安全生产基础设施建设和安全生产监管能力建设，所需经费列入本级预算。

县级以上地方各级人民政府应当组织有关部门建立完善安全风险评估与论证机制，按照安全风险管控要求，进行产业规划和空间布局，并对位置相邻、行业相近、业态相似的生产经营单位实施重大安全风险联防联控。

第九条　国务院和县级以上地方各级人民政府应当加强对安全生产工作的领导，建立健全安全生产工作协调机制，支持、督促各有关部门依法履行安全生产监督管理职责，及时协调、解决安全生产监督管理中存在的重大问题。

乡镇人民政府和街道办事处，以及开发区、工业园区、港区、风景区等应当明确负责安全生产监督管理的有关工作机构及其职责，加强安全生产监管力量建设，按照职责对本行政区域或者管理区域内生产经营单位安全生产状况进行监督检查，协助人民政府有关部门或者按照授权依法履行安全生产监督管理职责。

第十条 国务院应急管理部门依照本法，对全国安全生产工作实施综合监督管理；县级以上地方各级人民政府应急管理部门依照本法，对本行政区域内安全生产工作实施综合监督管理。

国务院交通运输、住房和城乡建设、水利、民航等有关部门依照本法和其他有关法律、行政法规的规定，在各自的职责范围内对有关行业、领域的安全生产工作实施监督管理；县级以上地方各级人民政府有关部门依照本法和其他有关法律、法规的规定，在各自的职责范围内对有关行业、领域的安全生产工作实施监督管理。对新兴行业、领域的安全生产监督管理职责不明确的，由县级以上地方各级人民政府按照业务相近的原则确定监督管理部门。

应急管理部门和对有关行业、领域的安全生产工作实施监督管理的部门，统称负有安全生产监督管理职责的部门。负有安全生产监督管理职责的部门应当相互配合、齐抓共管、信息共享、资源共用，依法加强安全生产监督管理工作。

第十一条 国务院有关部门应当按照保障安全生产的要求，依法及时制定有关的国家标准或者行业标准，并根据科技进步和经济发展适时修订。

生产经营单位必须执行依法制定的保障安全生产的国家标准或者行业标准。

第十二条 国务院有关部门按照职责分工负责安全生产强制性国家标准的项目提出、组织起草、征求意见、技术审查。国务院应急管理部门统筹提出安全生产强制性国家标准的立项计划。国务院标准化行政主管部门负责安全生产强制性国家标准的立项、编号、对外通报和授权批准发布工作。国务院标准化行政主管部门、有关部门依据法定职责对安全生产强制性国家标准的实施进行监督检查。

第十三条　各级人民政府及其有关部门应当采取多种形式，加强对有关安全生产的法律、法规和安全生产知识的宣传，增强全社会的安全生产意识。

第十四条　有关协会组织依照法律、行政法规和章程，为生产经营单位提供安全生产方面的信息、培训等服务，发挥自律作用，促进生产经营单位加强安全生产管理。

第十五条　依法设立的为安全生产提供技术、管理服务的机构，依照法律、行政法规和执业准则，接受生产经营单位的委托为其安全生产工作提供技术、管理服务。

生产经营单位委托前款规定的机构提供安全生产技术、管理服务的，保证安全生产的责任仍由本单位负责。

第十六条　国家实行生产安全事故责任追究制度，依照本法和有关法律、法规的规定，追究生产安全事故责任单位和责任人员的法律责任。

第十七条　县级以上各级人民政府应当组织负有安全生产监督管理职责的部门依法编制安全生产权力和责任清单，公开并接受社会监督。

第十八条　国家鼓励和支持安全生产科学技术研究和安全生产先进技术的推广应用，提高安全生产水平。

第十九条　国家对在改善安全生产条件、防止生产安全事故、参加抢险救护等方面取得显著成绩的单位和个人，给予奖励。

第二章　生产经营单位的安全生产保障

第二十条　生产经营单位应当具备本法和有关法律、行政法规和国家标准或者行业标准规定的安全生产条件；不具备安全生产条件的，不得从事生产经营活动。

第二十一条 生产经营单位的主要负责人对本单位安全生产工作负有下列职责：

（一）建立健全并落实本单位全员安全生产责任制，加强安全生产标准化建设；

（二）组织制定并实施本单位安全生产规章制度和操作规程；

（三）组织制定并实施本单位安全生产教育和培训计划；

（四）保证本单位安全生产投入的有效实施；

（五）组织建立并落实安全风险分级管控和隐患排查治理双重预防工作机制，督促、检查本单位的安全生产工作，及时消除生产安全事故隐患；

（六）组织制定并实施本单位的生产安全事故应急救援预案；

（七）及时、如实报告生产安全事故。

第二十二条 生产经营单位的全员安全生产责任制应当明确各岗位的责任人员、责任范围和考核标准等内容。

生产经营单位应当建立相应的机制，加强对全员安全生产责任制落实情况的监督考核，保证全员安全生产责任制的落实。

第二十三条 生产经营单位应当具备的安全生产条件所必需的资金投入，由生产经营单位的决策机构、主要负责人或者个人经营的投资人予以保证，并对由于安全生产所必需的资金投入不足导致的后果承担责任。

有关生产经营单位应当按照规定提取和使用安全生产费用，专门用于改善安全生产条件。安全生产费用在成本中据实列支。安全生产费用提取、使用和监督管理的具体办法由国务院财政部门会同国务院应急管理部门征求国务院有关部门意见后制定。

第二十四条　矿山、金属冶炼、建筑施工、运输单位和危险物品的生产、经营、储存、装卸单位，应当设置安全生产管理机构或者配备专职安全生产管理人员。

前款规定以外的其他生产经营单位，从业人员超过一百人的，应当设置安全生产管理机构或者配备专职安全生产管理人员；从业人员在一百人以下的，应当配备专职或者兼职的安全生产管理人员。

第二十五条　生产经营单位的安全生产管理机构以及安全生产管理人员履行下列职责：

（一）组织或者参与拟订本单位安全生产规章制度、操作规程和生产安全事故应急救援预案；

（二）组织或者参与本单位安全生产教育和培训，如实记录安全生产教育和培训情况；

（三）组织开展危险源辨识和评估，督促落实本单位重大危险源的安全管理措施；

（四）组织或者参与本单位应急救援演练；

（五）检查本单位的安全生产状况，及时排查生产安全事故隐患，提出改进安全生产管理的建议；

（六）制止和纠正违章指挥、强令冒险作业、违反操作规程的行为；

（七）督促落实本单位安全生产整改措施。

生产经营单位可以设置专职安全生产分管负责人，协助本单位主要负责人履行安全生产管理职责。

第二十六条　生产经营单位的安全生产管理机构以及安全生产管理人员应当恪尽职守，依法履行职责。

生产经营单位作出涉及安全生产的经营决策，应当听取安全生产管理机构以及安全生产管理人员的意见。

生产经营单位不得因安全生产管理人员依法履行职责而降低其工资、福利等待遇或者解除与其订立的劳动合同。

危险物品的生产、储存单位以及矿山、金属冶炼单位的安全生产管理人员的任免，应当告知主管的负有安全生产监督管理职责的部门。

第二十七条 生产经营单位的主要负责人和安全生产管理人员必须具备与本单位所从事的生产经营活动相应的安全生产知识和管理能力。

危险物品的生产、经营、储存、装卸单位以及矿山、金属冶炼、建筑施工、运输单位的主要负责人和安全生产管理人员，应当由主管的负有安全生产监督管理职责的部门对其安全生产知识和管理能力考核合格。考核不得收费。

危险物品的生产、储存、装卸单位以及矿山、金属冶炼单位应当有注册安全工程师从事安全生产管理工作。鼓励其他生产经营单位聘用注册安全工程师从事安全生产管理工作。注册安全工程师按专业分类管理，具体办法由国务院人力资源和社会保障部门、国务院应急管理部门会同国务院有关部门制定。

第二十八条 生产经营单位应当对从业人员进行安全生产教育和培训，保证从业人员具备必要的安全生产知识，熟悉有关的安全生产规章制度和安全操作规程，掌握本岗位的安全操作技能，了解事故应急处理措施，知悉自身在安全生产方面的权利和义务。未经安全生产教育和培训合格的从业人员，不得上岗作业。

生产经营单位使用被派遣劳动者的，应当将被派遣劳动者纳入本单位从业人员统一管理，对被派遣劳动者进行岗位安全操作规程和安全操作技能的教育和培训。劳务派遣单位应当对被派遣劳动者进行必要的安全生产教育和培训。

生产经营单位接收中等职业学校、高等学校学生实习的，应当对实习学生进行相应的安全生产教育和培训，提供必要的劳动防护用品。学校应当协助生产经营单位对实习学生进行安全生产教育和培训。

生产经营单位应当建立安全生产教育和培训档案，如实记录安全生产教育和培训的时间、内容、参加人员以及考核结果等情况。

第二十九条　生产经营单位采用新工艺、新技术、新材料或者使用新设备，必须了解、掌握其安全技术特性，采取有效的安全防护措施，并对从业人员进行专门的安全生产教育和培训。

第三十条　生产经营单位的特种作业人员必须按照国家有关规定经专门的安全作业培训，取得相应资格，方可上岗作业。

特种作业人员的范围由国务院应急管理部门会同国务院有关部门确定。

第三十一条　生产经营单位新建、改建、扩建工程项目（以下统称建设项目）的安全设施，必须与主体工程同时设计、同时施工、同时投入生产和使用。安全设施投资应当纳入建设项目概算。

第三十二条　矿山、金属冶炼建设项目和用于生产、储存、装卸危险物品的建设项目，应当按照国家有关规定进行安全评价。

第三十三条　建设项目安全设施的设计人、设计单位应当对安全设施设计负责。

矿山、金属冶炼建设项目和用于生产、储存、装卸危险物品的建设项目的安全设施设计应当按照国家有关规定报经有关部门审查，审查部门及其负责审查的人员对审查结果负责。

第三十四条　矿山、金属冶炼建设项目和用于生产、储存、装卸危险物品的建设项目的施工单位必须按照批准的安全设施设计施工，并对安全设施的工程质量负责。

矿山、金属冶炼建设项目和用于生产、储存、装卸危险物品的建设项目竣工投入生产或者使用前，应当由建设单位负责组织对安全设施进行验收；验收合格后，方可投入生产和使用。负有安全生产监督管理职责的部门应当加强对建设单位验收活动和验收结果的监督核查。

第三十五条 生产经营单位应当在有较大危险因素的生产经营场所和有关设施、设备上，设置明显的安全警示标志。

第三十六条 安全设备的设计、制造、安装、使用、检测、维修、改造和报废，应当符合国家标准或者行业标准。

生产经营单位必须对安全设备进行经常性维护、保养，并定期检测，保证正常运转。维护、保养、检测应当作好记录，并由有关人员签字。

生产经营单位不得关闭、破坏直接关系生产安全的监控、报警、防护、救生设备、设施，或者篡改、隐瞒、销毁其相关数据、信息。

餐饮等行业的生产经营单位使用燃气的，应当安装可燃气体报警装置，并保障其正常使用。

第三十七条 生产经营单位使用的危险物品的容器、运输工具，以及涉及人身安全、危险性较大的海洋石油开采特种设备和矿山井下特种设备，必须按照国家有关规定，由专业生产单位生产，并经具有专业资质的检测、检验机构检测、检验合格，取得安全使用证或者安全标志，方可投入使用。检测、检验机构对检测、检验结果负责。

第三十八条 国家对严重危及生产安全的工艺、设备实行淘汰制度，具体目录由国务院应急管理部门会同国务院有关部门制定并公布。法律、行政法规对目录的制定另有规定的，适用其规定。

省、自治区、直辖市人民政府可以根据本地区实际情况制定并公布具体目录，对前款规定以外的危及生产安全的工艺、设备予以淘汰。

生产经营单位不得使用应当淘汰的危及生产安全的工艺、设备。

第三十九条 生产、经营、运输、储存、使用危险物品或者处置废弃危险物品的，由有关主管部门依照有关法律、法规的规定和国家标准或者行业标准审批并实施监督管理。

生产经营单位生产、经营、运输、储存、使用危险物品或者处置废弃危险物品，必须执行有关法律、法规和国家标准或者行业标准，建立专门的安全管理制度，采取可靠的安全措施，接受有关主管部门依法实施的监督管理。

第四十条　生产经营单位对重大危险源应当登记建档，进行定期检测、评估、监控，并制定应急预案，告知从业人员和相关人员在紧急情况下应当采取的应急措施。

生产经营单位应当按照国家有关规定将本单位重大危险源及有关安全措施、应急措施报有关地方人民政府应急管理部门和有关部门备案。有关地方人民政府应急管理部门和有关部门应当通过相关信息系统实现信息共享。

第四十一条　生产经营单位应当建立安全风险分级管控制度，按照安全风险分级采取相应的管控措施。

生产经营单位应当建立健全并落实生产安全事故隐患排查治理制度，采取技术、管理措施，及时发现并消除事故隐患。事故隐患排查治理情况应当如实记录，并通过职工大会或者职工代表大会、信息公示栏等方式向从业人员通报。其中，重大事故隐患排查治理情况应当及时向负有安全生产监督管理职责的部门和职工大会或者职工代表大会报告。

县级以上地方各级人民政府负有安全生产监督管理职责的部门应当将重大事故隐患纳入相关信息系统，建立健全重大事故隐患治理督办制度，督促生产经营单位消除重大事故隐患。

第四十二条　生产、经营、储存、使用危险物品的车间、商店、仓库不得与员工宿舍在同一座建筑物内，并应当与员工宿舍保持安全距离。

生产经营场所和员工宿舍应当设有符合紧急疏散要求、标志明显、保持畅通的出口、疏散通道。禁止占用、锁闭、封堵生产经营场所或者员工宿舍的出口、疏散通道。

第四十三条 生产经营单位进行爆破、吊装、动火、临时用电以及国务院应急管理部门会同国务院有关部门规定的其他危险作业，应当安排专门人员进行现场安全管理，确保操作规程的遵守和安全措施的落实。

第四十四条 生产经营单位应当教育和督促从业人员严格执行本单位的安全生产规章制度和安全操作规程；并向从业人员如实告知作业场所和工作岗位存在的危险因素、防范措施以及事故应急措施。

生产经营单位应当关注从业人员的身体、心理状况和行为习惯，加强对从业人员的心理疏导、精神慰藉，严格落实岗位安全生产责任，防范从业人员行为异常导致事故发生。

第四十五条 生产经营单位必须为从业人员提供符合国家标准或者行业标准的劳动防护用品，并监督、教育从业人员按照使用规则佩戴、使用。

第四十六条 生产经营单位的安全生产管理人员应当根据本单位的生产经营特点，对安全生产状况进行经常性检查；对检查中发现的安全问题，应当立即处理；不能处理的，应当及时报告本单位有关负责人，有关负责人应当及时处理。检查及处理情况应当如实记录在案。

生产经营单位的安全生产管理人员在检查中发现重大事故隐患，依照前款规定向本单位有关负责人报告，有关负责人不及时处理的，安全生产管理人员可以向主管的负有安全生产监督管理职责的部门报告，接到报告的部门应当依法及时处理。

第四十七条 生产经营单位应当安排用于配备劳动防护用品、进行安全生产培训的经费。

第四十八条　两个以上生产经营单位在同一作业区域内进行生产经营活动，可能危及对方生产安全的，应当签订安全生产管理协议，明确各自的安全生产管理职责和应当采取的安全措施，并指定专职安全生产管理人员进行安全检查与协调。

第四十九条　生产经营单位不得将生产经营项目、场所、设备发包或者出租给不具备安全生产条件或者相应资质的单位或者个人。

生产经营项目、场所发包或者出租给其他单位的，生产经营单位应当与承包单位、承租单位签订专门的安全生产管理协议，或者在承包合同、租赁合同中约定各自的安全生产管理职责；生产经营单位对承包单位、承租单位的安全生产工作统一协调、管理，定期进行安全检查，发现安全问题的，应当及时督促整改。

矿山、金属冶炼建设项目和用于生产、储存、装卸危险物品的建设项目的施工单位应当加强对施工项目的安全管理，不得倒卖、出租、出借、挂靠或者以其他形式非法转让施工资质，不得将其承包的全部建设工程转包给第三人或者将其承包的全部建设工程支解以后以分包的名义分别转包给第三人，不得将工程分包给不具备相应资质条件的单位。

第五十条　生产经营单位发生生产安全事故时，单位的主要负责人应当立即组织抢救，并不得在事故调查处理期间擅离职守。

第五十一条　生产经营单位必须依法参加工伤保险，为从业人员缴纳保险费。

国家鼓励生产经营单位投保安全生产责任保险；属于国家规定的高危行业、领域的生产经营单位，应当投保安全生产责任保险。具体范围和实施办法由国务院应急管理部门会同国务院财政部门、国务院保险监督管理机构和相关行业主管部门制定。

第三章　从业人员的安全生产权利义务

第五十二条　生产经营单位与从业人员订立的劳动合同，应当载明有关保障从业人员劳动安全、防止职业危害的事项，以及依法为从业人员办理工伤保险的事项。

生产经营单位不得以任何形式与从业人员订立协议，免除或者减轻其对从业人员因生产安全事故伤亡依法应承担的责任。

第五十三条　生产经营单位的从业人员有权了解其作业场所和工作岗位存在的危险因素、防范措施及事故应急措施，有权对本单位的安全生产工作提出建议。

第五十四条　从业人员有权对本单位安全生产工作中存在的问题提出批评、检举、控告；有权拒绝违章指挥和强令冒险作业。

生产经营单位不得因从业人员对本单位安全生产工作提出批评、检举、控告或者拒绝违章指挥、强令冒险作业而降低其工资、福利等待遇或者解除与其订立的劳动合同。

第五十五条　从业人员发现直接危及人身安全的紧急情况时，有权停止作业或者在采取可能的应急措施后撤离作业场所。

生产经营单位不得因从业人员在前款紧急情况下停止作业或者采取紧急撤离措施而降低其工资、福利等待遇或者解除与其订立的劳动合同。

第五十六条　生产经营单位发生生产安全事故后，应当及时采取措施救治有关人员。

因生产安全事故受到损害的从业人员，除依法享有工伤保险外，依照有关民事法律尚有获得赔偿的权利的，有权提出赔偿要求。

第五十七条　从业人员在作业过程中，应当严格落实岗位安全责任，遵守本单位的安全生产规章制度和操作规程，服从管理，正确佩戴和使用劳动防护用品。

第五十八条　从业人员应当接受安全生产教育和培训，掌握本职工作所需的安全生产知识，提高安全生产技能，增强事故预防和应急处理能力。

第五十九条　从业人员发现事故隐患或者其他不安全因素，应当立即向现场安全生产管理人员或者本单位负责人报告；接到报告的人员应当及时予以处理。

第六十条　工会有权对建设项目的安全设施与主体工程同时设计、同时施工、同时投入生产和使用进行监督，提出意见。

工会对生产经营单位违反安全生产法律、法规，侵犯从业人员合法权益的行为，有权要求纠正；发现生产经营单位违章指挥、强令冒险作业或者发现事故隐患时，有权提出解决的建议，生产经营单位应当及时研究答复；发现危及从业人员生命安全的情况时，有权向生产经营单位建议组织从业人员撤离危险场所，生产经营单位必须立即作出处理。

工会有权依法参加事故调查，向有关部门提出处理意见，并要求追究有关人员的责任。

第六十一条　生产经营单位使用被派遣劳动者的，被派遣劳动者享有本法规定的从业人员的权利，并应当履行本法规定的从业人员的义务。

第四章　安全生产的监督管理

第六十二条　县级以上地方各级人民政府应当根据本行政区域内的安全生产状况，组织有关部门按照职责分工，对本行政区域内容易发生重大生产安全事故的生产经营单位进行严格检查。

应急管理部门应当按照分类分级监督管理的要求，制定安全生产年度监督检查计划，并按照年度监督检查计划进行监督检查，发现事故隐患，应当及时处理。

第六十三条 负有安全生产监督管理职责的部门依照有关法律、法规的规定，对涉及安全生产的事项需要审查批准（包括批准、核准、许可、注册、认证、颁发证照等，下同）或者验收的，必须严格依照有关法律、法规和国家标准或者行业标准规定的安全生产条件和程序进行审查；不符合有关法律、法规和国家标准或者行业标准规定的安全生产条件的，不得批准或者验收通过。对未依法取得批准或者验收合格的单位擅自从事有关活动的，负责行政审批的部门发现或者接到举报后应当立即予以取缔，并依法予以处理。对已经依法取得批准的单位，负责行政审批的部门发现其不再具备安全生产条件的，应当撤销原批准。

第六十四条 负有安全生产监督管理职责的部门对涉及安全生产的事项进行审查、验收，不得收取费用；不得要求接受审查、验收的单位购买其指定品牌或者指定生产、销售单位的安全设备、器材或者其他产品。

第六十五条 应急管理部门和其他负有安全生产监督管理职责的部门依法开展安全生产行政执法工作，对生产经营单位执行有关安全生产的法律、法规和国家标准或者行业标准的情况进行监督检查，行使以下职权：

（一）进入生产经营单位进行检查，调阅有关资料，向有关单位和人员了解情况；

（二）对检查中发现的安全生产违法行为，当场予以纠正或者要求限期改正；对依法应当给予行政处罚的行为，依照本法和其他有关法律、行政法规的规定作出行政处罚决定；

（三）对检查中发现的事故隐患，应当责令立即排除；重大事故隐患排除前或者排除过程中无法保证安全的，应当责令从危险区域内撤出作业人员，责令暂时停产停业或者停止使用相关设施、设备；重大事故隐患排除后，经审查同意，方可恢复生产经营和使用；

（四）对有根据认为不符合保障安全生产的国家标准或者行业标准的设施、设备、器材以及违法生产、储存、使用、经营、运输的危险物品予以查封或者扣押，对违法生产、储存、使用、经营危险物品的作业场所予以查封，并依法作出处理决定。

监督检查不得影响被检查单位的正常生产经营活动。

第六十六条 生产经营单位对负有安全生产监督管理职责的部门的监督检查人员（以下统称安全生产监督检查人员）依法履行监督检查职责，应当予以配合，不得拒绝、阻挠。

第六十七条 安全生产监督检查人员应当忠于职守，坚持原则，秉公执法。

安全生产监督检查人员执行监督检查任务时，必须出示有效的行政执法证件；对涉及被检查单位的技术秘密和业务秘密，应当为其保密。

第六十八条 安全生产监督检查人员应当将检查的时间、地点、内容、发现的问题及其处理情况，作出书面记录，并由检查人员和被检查单位的负责人签字；被检查单位的负责人拒绝签字的，检查人员应当将情况记录在案，并向负有安全生产监督管理职责的部门报告。

第六十九条 负有安全生产监督管理职责的部门在监督检查中，应当互相配合，实行联合检查；确需分别进行检查的，应当互通情况，发现存在的安全问题应当由其他有关部门进行处理的，应当及时移送其他有关部门并形成记录备查，接受移送的部门应当及时进行处理。

第七十条 负有安全生产监督管理职责的部门依法对存在重大事故隐患的生产经营单位作出停产停业、停止施工、停止使用相关设施或者设备的决定，生产经营单位应当依法执行，及时消除事故隐患。生产经营单位拒不执行，有发生生产安全事故的现实危险的，在保证安全的前提下，经本部门主要负责人批准，负有安全生产监督管理职责的部门可以采取通知有关单位停止供电、停止供应民用爆炸物品等措施，强制生产经营单位履行决定。通知应当采用书面形式，有关单位应当予以配合。

负有安全生产监督管理职责的部门依照前款规定采取停止供电措施，除有危及生产安全的紧急情形外，应当提前二十四小时通知生产经营单位。生产经营单位依法履行行政决定、采取相应措施消除事故隐患的，负有安全生产监督管理职责的部门应当及时解除前款规定的措施。

第七十一条 监察机关依照监察法的规定，对负有安全生产监督管理职责的部门及其工作人员履行安全生产监督管理职责实施监察。

第七十二条 承担安全评价、认证、检测、检验职责的机构应当具备国家规定的资质条件，并对其作出的安全评价、认证、检测、检验结果的合法性、真实性负责。资质条件由国务院应急管理部门会同国务院有关部门制定。

承担安全评价、认证、检测、检验职责的机构应当建立并实施服务公开和报告公开制度，不得租借资质、挂靠、出具虚假报告。

第七十三条 负有安全生产监督管理职责的部门应当建立举报制度，公开举报电话、信箱或者电子邮件地址等网络举报平台，受理有关安全生产的举报；受理的举报事项经调查核实后，应当形成书面材料；需要落实整改措施的，报经有关负责人签字并督促落实。对不属于本部门职责，需要由其他有关部门进行调查处理的，转交其他有关部门处理。

涉及人员死亡的举报事项，应当由县级以上人民政府组织核查处理。

第七十四条 任何单位或者个人对事故隐患或者安全生产违法行为，均有权向负有安全生产监督管理职责的部门报告或者举报。

因安全生产违法行为造成重大事故隐患或者导致重大事故，致使国家利益或者社会公共利益受到侵害的，人民检察院可以根据民事诉讼法、行政诉讼法的相关规定提起公益诉讼。

第七十五条　居民委员会、村民委员会发现其所在区域内的生产经营单位存在事故隐患或者安全生产违法行为时，应当向当地人民政府或者有关部门报告。

第七十六条　县级以上各级人民政府及其有关部门对报告重大事故隐患或者举报安全生产违法行为的有功人员，给予奖励。具体奖励办法由国务院应急管理部门会同国务院财政部门制定。

第七十七条　新闻、出版、广播、电影、电视等单位有进行安全生产公益宣传教育的义务，有对违反安全生产法律、法规的行为进行舆论监督的权利。

第七十八条　负有安全生产监督管理职责的部门应当建立安全生产违法行为信息库，如实记录生产经营单位及其有关从业人员的安全生产违法行为信息；对违法行为情节严重的生产经营单位及其有关从业人员，应当及时向社会公告，并通报行业主管部门、投资主管部门、自然资源主管部门、生态环境主管部门、证券监督管理机构以及有关金融机构。有关部门和机构应当对存在失信行为的生产经营单位及其有关从业人员采取加大执法检查频次、暂停项目审批、上调有关保险费率、行业或者职业禁入等联合惩戒措施，并向社会公示。

负有安全生产监督管理职责的部门应当加强对生产经营单位行政处罚信息的及时归集、共享、应用和公开，对生产经营单位作出处罚决定后七个工作日内在监督管理部门公示系统予以公开曝光，强化对违法失信生产经营单位及其有关从业人员的社会监督，提高全社会安全生产诚信水平。

第五章　生产安全事故的应急救援与调查处理

第七十九条　国家加强生产安全事故应急能力建设，在重点行业、领域建立应急救援基地和应急救援队伍，并由国家安全生产应急救援机构统一协调指挥；鼓励生产经营单位和其他社会力量建立应急救援队伍，配备相应的应急救援装备和物资，提高应急救援的专业化水平。

国务院应急管理部门牵头建立全国统一的生产安全事故应急救援信息系统，国务院交通运输、住房和城乡建设、水利、民航等有关部门和县级以上地方人民政府建立健全相关行业、领域、地区的生产安全事故应急救援信息系统，实现互联互通、信息共享，通过推行网上安全信息采集、安全监管和监测预警，提升监管的精准化、智能化水平。

第八十条　县级以上地方各级人民政府应当组织有关部门制定本行政区域内生产安全事故应急救援预案，建立应急救援体系。

乡镇人民政府和街道办事处，以及开发区、工业园区、港区、风景区等应当制定相应的生产安全事故应急救援预案，协助人民政府有关部门或者按照授权依法履行生产安全事故应急救援工作职责。

第八十一条　生产经营单位应当制定本单位生产安全事故应急救援预案，与所在地县级以上地方人民政府组织制定的生产安全事故应急救援预案相衔接，并定期组织演练。

第八十二条　危险物品的生产、经营、储存单位以及矿山、金属冶炼、城市轨道交通运营、建筑施工单位应当建立应急救援组织；生产经营规模较小的，可以不建立应急救援组织，但应当指定兼职的应急救援人员。

危险物品的生产、经营、储存、运输单位以及矿山、金属冶炼、城市轨道交通运营、建筑施工单位应当配备必要的应急救援器材、设备和物资，并进行经常性维护、保养，保证正常运转。

第八十三条　生产经营单位发生生产安全事故后，事故现场有关人员应当立即报告本单位负责人。

单位负责人接到事故报告后，应当迅速采取有效措施，组织抢救，防止事故扩大，减少人员伤亡和财产损失，并按照国家有关规定立即如实报告当地负有安全生产监督管理职责的部门，不得隐瞒不报、谎报或者迟报，不得故意破坏事故现场、毁灭有关证据。

第八十四条　负有安全生产监督管理职责的部门接到事故报告后，应当立即按照国家有关规定上报事故情况。负有安全生产监督管理职责的部门和有关地方人民政府对事故情况不得隐瞒不报、谎报或者迟报。

第八十五条　有关地方人民政府和负有安全生产监督管理职责的部门的负责人接到生产安全事故报告后，应当按照生产安全事故应急救援预案的要求立即赶到事故现场，组织事故抢救。

参与事故抢救的部门和单位应当服从统一指挥，加强协同联动，采取有效的应急救援措施，并根据事故救援的需要采取警戒、疏散等措施，防止事故扩大和次生灾害的发生，减少人员伤亡和财产损失。

事故抢救过程中应当采取必要措施，避免或者减少对环境造成的危害。

任何单位和个人都应当支持、配合事故抢救，并提供一切便利条件。

第八十六条　事故调查处理应当按照科学严谨、依法依规、实事求是、注重实效的原则，及时、准确地查清事故原因，查明事故性质和责任，评估应急处置工作，总结事故教训，提出整改措施，并对事故责任单位和人员提出处理建议。事故调查报告应当依法及时向社会公布。事故调查和处理的具体办法由国务院制定。

事故发生单位应当及时全面落实整改措施，负有安全生产监督管理职责的部门应当加强监督检查。

负责事故调查处理的国务院有关部门和地方人民政府应当在批复事故调查报告后一年内，组织有关部门对事故整改和防范措施落实情况进行评估，并及时向社会公开评估结果；对不履行职责导致事故整改和防范措施没有落实的有关单位和人员，应当按照有关规定追究责任。

第八十七条 生产经营单位发生生产安全事故，经调查确定为责任事故的，除了应当查明事故单位的责任并依法予以追究外，还应当查明对安全生产的有关事项负有审查批准和监督职责的行政部门的责任，对有失职、渎职行为的，依照本法第九十条的规定追究法律责任。

第八十八条 任何单位和个人不得阻挠和干涉对事故的依法调查处理。

第八十九条 县级以上地方各级人民政府应急管理部门应当定期统计分析本行政区域内发生生产安全事故的情况，并定期向社会公布。

第六章 法律责任

第九十条 负有安全生产监督管理职责的部门的工作人员，有下列行为之一的，给予降级或者撤职的处分；构成犯罪的，依照刑法有关规定追究刑事责任：

（一）对不符合法定安全生产条件的涉及安全生产的事项予以批准或者验收通过的；

（二）发现未依法取得批准、验收的单位擅自从事有关活动或者接到举报后不予取缔或者不依法予以处理的；

（三）对已经依法取得批准的单位不履行监督管理职责，发现其不再具备安全生产条件而不撤销原批准或者发现安全生产违法行为不予查处的；

（四）在监督检查中发现重大事故隐患，不依法及时处理的。

负有安全生产监督管理职责的部门的工作人员有前款规定以外的滥用职权、玩忽职守、徇私舞弊行为的，依法给予处分；构成犯罪的，依照刑法有关规定追究刑事责任。

第九十一条　负有安全生产监督管理职责的部门，要求被审查、验收的单位购买其指定的安全设备、器材或者其他产品的，在对安全生产事项的审查、验收中收取费用的，由其上级机关或者监察机关责令改正，责令退还收取的费用；情节严重的，对直接负责的主管人员和其他直接责任人员依法给予处分。

第九十二条　承担安全评价、认证、检测、检验职责的机构出具失实报告的，责令停业整顿，并处三万元以上十万元以下的罚款；给他人造成损害的，依法承担赔偿责任。

承担安全评价、认证、检测、检验职责的机构租借资质、挂靠、出具虚假报告的，没收违法所得；违法所得在十万元以上的，并处违法所得二倍以上五倍以下的罚款，没有违法所得或者违法所得不足十万元的，单处或者并处十万元以上二十万元以下的罚款；对其直接负责的主管人员和其他直接责任人员处五万元以上十万元以下的罚款；给他人造成损害的，与生产经营单位承担连带赔偿责任；构成犯罪的，依照刑法有关规定追究刑事责任。

对有前款违法行为的机构及其直接责任人员，吊销其相应资质和资格，五年内不得从事安全评价、认证、检测、检验等工作；情节严重的，实行终身行业和职业禁入。

第九十三条　生产经营单位的决策机构、主要负责人或者个人经营的投资人不依照本法规定保证安全生产所必需的资金投入，致使生产经营单位不具备安全生产条件的，责令限期改正，提供必需的资金；逾期未改正的，责令生产经营单位停产停业整顿。

有前款违法行为，导致发生生产安全事故的，对生产经营单位的主要负责人给予撤职处分，对个人经营的投资人处二万元以上二十万元以下的罚款；构成犯罪的，依照刑法有关规定追究刑事责任。

第九十四条 生产经营单位的主要负责人未履行本法规定的安全生产管理职责的，责令限期改正，处二万元以上五万元以下的罚款；逾期未改正的，处五万元以上十万元以下的罚款，责令生产经营单位停产停业整顿。

生产经营单位的主要负责人有前款违法行为，导致发生生产安全事故的，给予撤职处分；构成犯罪的，依照刑法有关规定追究刑事责任。

生产经营单位的主要负责人依照前款规定受刑事处罚或者撤职处分的，自刑罚执行完毕或者受处分之日起，五年内不得担任任何生产经营单位的主要负责人；对重大、特别重大生产安全事故负有责任的，终身不得担任本行业生产经营单位的主要负责人。

第九十五条 生产经营单位的主要负责人未履行本法规定的安全生产管理职责，导致发生生产安全事故的，由应急管理部门依照下列规定处以罚款：

（一）发生一般事故的，处上一年年收入百分之四十的罚款；

（二）发生较大事故的，处上一年年收入百分之六十的罚款；

（三）发生重大事故的，处上一年年收入百分之八十的罚款；

（四）发生特别重大事故的，处上一年年收入百分之一百的罚款。

第九十六条 生产经营单位的其他负责人和安全生产管理人员未履行本法规定的安全生产管理职责的，责令限期改正，处一万元以上三万元以下的罚款；导致发生生产安全事故的，暂停或者吊销其与安全生产有关的资格，并处上一年年收入百分之二十以上百分之五十以下的罚款；

构成犯罪的，依照刑法有关规定追究刑事责任。

第九十七条　生产经营单位有下列行为之一的，责令限期改正，处十万元以下的罚款；逾期未改正的，责令停产停业整顿，并处十万元以上二十万元以下的罚款，对其直接负责的主管人员和其他直接责任人员处二万元以上五万元以下的罚款：

（一）未按照规定设置安全生产管理机构或者配备安全生产管理人员、注册安全工程师的；

（二）危险物品的生产、经营、储存、装卸单位以及矿山、金属冶炼、建筑施工、运输单位的主要负责人和安全生产管理人员未按照规定经考核合格的；

（三）未按照规定对从业人员、被派遣劳动者、实习学生进行安全生产教育和培训，或者未按照规定如实告知有关的安全生产事项的；

（四）未如实记录安全生产教育和培训情况的；

（五）未将事故隐患排查治理情况如实记录或者未向从业人员通报的；

（六）未按照规定制定生产安全事故应急救援预案或者未定期组织演练的；

（七）特种作业人员未按照规定经专门的安全作业培训并取得相应资格，上岗作业的。

第九十八条　生产经营单位有下列行为之一的，责令停止建设或者停产停业整顿，限期改正，并处十万元以上五十万元以下的罚款，对其直接负责的主管人员和其他直接责任人员处二万元以上五万元以下的罚款；逾期未改正的，处五十万元以上一百万元以下的罚款，对其直接负责的主管人员和其他直接责任人员处五万元以上十万元以下的罚款；构成犯罪的，依照刑法有关规定追究刑事责任：

（一）未按照规定对矿山、金属冶炼建设项目或者用于生产、储存、装卸危险物品的建设项目进行安全评价的；

（二）矿山、金属冶炼建设项目或者用于生产、储存、装卸危险物品的建设项目没有安全设施设计或者安全设施设计未按照规定报经有关部门审查同意的；

（三）矿山、金属冶炼建设项目或者用于生产、储存、装卸危险物品的建设项目的施工单位未按照批准的安全设施设计施工的；

（四）矿山、金属冶炼建设项目或者用于生产、储存、装卸危险物品的建设项目竣工投入生产或者使用前，安全设施未经验收合格的。

第九十九条 生产经营单位有下列行为之一的，责令限期改正，处五万元以下的罚款；逾期未改正的，处五万元以上二十万元以下的罚款，对其直接负责的主管人员和其他直接责任人员处一万元以上二万元以下的罚款；情节严重的，责令停产停业整顿；构成犯罪的，依照刑法有关规定追究刑事责任：

（一）未在有较大危险因素的生产经营场所和有关设施、设备上设置明显的安全警示标志的；

（二）安全设备的安装、使用、检测、改造和报废不符合国家标准或者行业标准的；

（三）未对安全设备进行经常性维护、保养和定期检测的；

（四）关闭、破坏直接关系生产安全的监控、报警、防护、救生设备、设施，或者篡改、隐瞒、销毁其相关数据、信息的；

（五）未为从业人员提供符合国家标准或者行业标准的劳动防护用品的；

（六）危险物品的容器、运输工具，以及涉及人身安全、危险性较大的海洋石油开采特种设备和矿山井下特种设备未经具有专业资质的机构检测、检验合格，取得安全使用证或者安全标志，投入使用的；

（七）使用应当淘汰的危及生产安全的工艺、设备的；

（八）餐饮等行业的生产经营单位使用燃气未安装可燃气体报警装置的。

第一百条　未经依法批准，擅自生产、经营、运输、储存、使用危险物品或者处置废弃危险物品的，依照有关危险物品安全管理的法律、行政法规的规定予以处罚；构成犯罪的，依照刑法有关规定追究刑事责任。

第一百零一条　生产经营单位有下列行为之一的，责令限期改正，处十万元以下的罚款；逾期未改正的，责令停产停业整顿，并处十万元以上二十万元以下的罚款，对其直接负责的主管人员和其他直接责任人员处二万元以上五万元以下的罚款；构成犯罪的，依照刑法有关规定追究刑事责任：

（一）生产、经营、运输、储存、使用危险物品或者处置废弃危险物品，未建立专门安全管理制度、未采取可靠的安全措施的；

（二）对重大危险源未登记建档，未进行定期检测、评估、监控，未制定应急预案，或者未告知应急措施的；

（三）进行爆破、吊装、动火、临时用电以及国务院应急管理部门会同国务院有关部门规定的其他危险作业，未安排专门人员进行现场安全管理的；

（四）未建立安全风险分级管控制度或者未按照安全风险分级采取相应管控措施的；

（五）未建立事故隐患排查治理制度，或者重大事故隐患排查治理情况未按照规定报告的。

第一百零二条　生产经营单位未采取措施消除事故隐患的，责令立即消除或者限期消除，处五万元以下的罚款；生产经营单位拒不执行的，责令停产停业整顿，对其直接负责的主管人员和其他直接责任人员处五万元以上十万元以下的罚款；构成犯罪的，依照刑法有关规定追究刑事责任。

第一百零三条 生产经营单位将生产经营项目、场所、设备发包或者出租给不具备安全生产条件或者相应资质的单位或者个人的，责令限期改正，没收违法所得；违法所得十万元以上的，并处违法所得二倍以上五倍以下的罚款；没有违法所得或者违法所得不足十万元的，单处或者并处十万元以上二十万元以下的罚款；对其直接负责的主管人员和其他直接责任人员处一万元以上二万元以下的罚款；导致发生生产安全事故给他人造成损害的，与承包方、承租方承担连带赔偿责任。

生产经营单位未与承包单位、承租单位签订专门的安全生产管理协议或者未在承包合同、租赁合同中明确各自的安全生产管理职责，或者未对承包单位、承租单位的安全生产统一协调、管理的，责令限期改正，处五万元以下的罚款，对其直接负责的主管人员和其他直接责任人员处一万元以下的罚款；逾期未改正的，责令停产停业整顿。

矿山、金属冶炼建设项目和用于生产、储存、装卸危险物品的建设项目的施工单位未按照规定对施工项目进行安全管理的，责令限期改正，处十万元以下的罚款，对其直接负责的主管人员和其他直接责任人员处二万元以下的罚款；逾期未改正的，责令停产停业整顿。以上施工单位倒卖、出租、出借、挂靠或者以其他形式非法转让施工资质的，责令停产停业整顿，吊销资质证书，没收违法所得；违法所得十万元以上的，并处违法所得二倍以上五倍以下的罚款，没有违法所得或者违法所得不足十万元的，单处或者并处十万元以上二十万元以下的罚款；对其直接负责的主管人员和其他直接责任人员处五万元以上十万元以下的罚款；

构成犯罪的，依照刑法有关规定追究刑事责任。

第一百零四条　两个以上生产经营单位在同一作业区域内进行可能危及对方安全生产的生产经营活动，未签订安全生产管理协议或者未指定专职安全生产管理人员进行安全检查与协调的，责令限期改正，处五万元以下的罚款，对其直接负责的主管人员和其他直接责任人员处一万元以下的罚款；逾期未改正的，责令停产停业。

第一百零五条　生产经营单位有下列行为之一的，责令限期改正，处五万元以下的罚款，对其直接负责的主管人员和其他直接责任人员处一万元以下的罚款；逾期未改正的，责令停产停业整顿；构成犯罪的，依照刑法有关规定追究刑事责任：

（一）生产、经营、储存、使用危险物品的车间、商店、仓库与员工宿舍在同一座建筑内，或者与员工宿舍的距离不符合安全要求的；

（二）生产经营场所和员工宿舍未设有符合紧急疏散需要、标志明显、保持畅通的出口、疏散通道，或者占用、锁闭、封堵生产经营场所或者员工宿舍出口、疏散通道的。

第一百零六条　生产经营单位与从业人员订立协议，免除或者减轻其对从业人员因生产安全事故伤亡依法应承担的责任的，该协议无效；对生产经营单位的主要负责人、个人经营的投资人处二万元以上十万元以下的罚款。

第一百零七条　生产经营单位的从业人员不落实岗位安全责任，不服从管理，违反安全生产规章制度或者操作规程的，由生产经营单位给予批评教育，依照有关规章制度给予处分；构成犯罪的，依照刑法有关规定追究刑事责任。

第一百零八条　违反本法规定，生产经营单位拒绝、阻碍负有安全生产监督管理职责的部门依法实施监督检查的，责令改正；拒不改正的，处二万元以上二十万元以下的罚款；对其直接负责的主管人员和其他直接责任人员处一万元以上二万元以下的罚款；构成犯罪的，依照刑法有关规定追究刑事责任。

第一百零九条 高危行业、领域的生产经营单位未按照国家规定投保安全生产责任保险的，责令限期改正，处五万元以上十万元以下的罚款；逾期未改正的，处十万元以上二十万元以下的罚款。

第一百一十条 生产经营单位的主要负责人在本单位发生生产安全事故时，不立即组织抢救或者在事故调查处理期间擅离职守或者逃匿的，给予降级、撤职的处分，并由应急管理部门处上一年年收入百分之六十至百分之一百的罚款；对逃匿的处十五日以下拘留；构成犯罪的，依照刑法有关规定追究刑事责任。

生产经营单位的主要负责人对生产安全事故隐瞒不报、谎报或者迟报的，依照前款规定处罚。

第一百一十一条 有关地方人民政府、负有安全生产监督管理职责的部门，对生产安全事故隐瞒不报、谎报或者迟报的，对直接负责的主管人员和其他直接责任人员依法给予处分；构成犯罪的，依照刑法有关规定追究刑事责任。

第一百一十二条 生产经营单位违反本法规定，被责令改正且受到罚款处罚，拒不改正的，负有安全生产监督管理职责的部门可以自作出责令改正之日的次日起，按照原处罚数额按日连续处罚。

第一百一十三条 生产经营单位存在下列情形之一的，负有安全生产监督管理职责的部门应当提请地方人民政府予以关闭，有关部门应当依法吊销其有关证照。生产经营单位主要负责人五年内不得担任任何生产经营单位的主要负责人；情节严重的，终身不得担任本行业生产经营单位的主要负责人：

（一）存在重大事故隐患，一百八十日内三次或者一年内四次受到本法规定的行政处罚的；

（二）经停产停业整顿，仍不具备法律、行政法规和国家标准或者行业标准规定的安全生产条件的；

（三）不具备法律、行政法规和国家标准或者行业标准规定的安全生产条件，导致发生重大、特别重大生产安全事故的；

（四）拒不执行负有安全生产监督管理职责的部门作出的停产停业整顿决定的。

第一百一十四条　发生生产安全事故，对负有责任的生产经营单位除要求其依法承担相应的赔偿等责任外，由应急管理部门依照下列规定处以罚款：

（一）发生一般事故的，处三十万元以上一百万元以下的罚款；

（二）发生较大事故的，处一百万元以上二百万元以下的罚款；

（三）发生重大事故的，处二百万元以上一千万元以下的罚款；

（四）发生特别重大事故的，处一千万元以上二千万元以下的罚款。

发生生产安全事故，情节特别严重、影响特别恶劣的，应急管理部门可以按照前款罚款数额的二倍以上五倍以下对负有责任的生产经营单位处以罚款。

第一百一十五条　本法规定的行政处罚，由应急管理部门和其他负有安全生产监督管理职责的部门按照职责分工决定；其中，根据本法第九十五条、第一百一十条、第一百一十四条的规定应当给予民航、铁路、电力行业的生产经营单位及其主要负责人行政处罚的，也可以由主管的负有安全生产监督管理职责的部门进行处罚。予以关闭的行政处罚，由负有安全生产监督管理职责的部门报请县级以上人民政府按照国务院规定的权限决定；给予拘留的行政处罚，由公安机关依照治安管理处罚的规定决定。

第一百一十六条 生产经营单位发生生产安全事故造成人员伤亡、他人财产损失的，应当依法承担赔偿责任；拒不承担或者其负责人逃匿的，由人民法院依法强制执行。

生产安全事故的责任人未依法承担赔偿责任，经人民法院依法采取执行措施后，仍不能对受害人给予足额赔偿的，应当继续履行赔偿义务；受害人发现责任人有其他财产的，可以随时请求人民法院执行。

第七章 附 则

第一百一十七条 本法下列用语的含义：

危险物品，是指易燃易爆物品、危险化学品、放射性物品等能够危及人身安全和财产安全的物品。

重大危险源，是指长期地或者临时地生产、搬运、使用或者储存危险物品，且危险物品的数量等于或者超过临界量的单元（包括场所和设施）。

第一百一十八条 本法规定的生产安全一般事故、较大事故、重大事故、特别重大事故的划分标准由国务院规定。

国务院应急管理部门和其他负有安全生产监督管理职责的部门应当根据各自的职责分工，制定相关行业、领域重大危险源的辨识标准和重大事故隐患的判定标准。

第一百一十九条 本法自 2002 年 11 月 1 日起施行。

附录2　中华人民共和国消防法[①]

目　录

第一章　总　则

第一条　为了预防火灾和减少火灾危害，加强应急救援工作，保护人身、财产安全，维护公共安全，制定本法。

第二条　消防工作贯彻预防为主、防消结合的方针，按照政府统一领导、部门依法监管、单位全面负责、公民积极参与的原则，实行消防安全责任制，建立健全社会化的消防工作网络。

第三条　国务院领导全国的消防工作。地方各级人民政府负责本行政区域内的消防工作。

① 中华人民共和国消防法，根据2021年4月29日第十三届全国人民代表大会常务委员会第二十八次会议《关于修改〈中华人民共和国道路交通安全法〉等八部法律的决定》。

各级人民政府应当将消防工作纳入国民经济和社会发展计划，保障消防工作与经济社会发展相适应。

第四条 国务院应急管理部门对全国的消防工作实施监督管理。县级以上地方人民政府应急管理部门对本行政区域内的消防工作实施监督管理，并由本级人民政府消防救援机构负责实施。军事设施的消防工作，由其主管单位监督管理，消防救援机构协助；矿井地下部分、核电厂、海上石油天然气设施的消防工作，由其主管单位监督管理。

县级以上人民政府其他有关部门在各自的职责范围内，依照本法和其他相关法律、法规的规定做好消防工作。

法律、行政法规对森林、草原的消防工作另有规定的，从其规定。

第五条 任何单位和个人都有维护消防安全、保护消防设施、预防火灾、报告火警的义务。任何单位和成年人都有参加有组织的灭火工作的义务。

第六条 各级人民政府应当组织开展经常性的消防宣传教育，提高公民的消防安全意识。

机关、团体、企业、事业等单位，应当加强对本单位人员的消防宣传教育。

应急管理部门及消防救援机构应当加强消防法律、法规的宣传，并督促、指导、协助有关单位做好消防宣传教育工作。

教育、人力资源行政主管部门和学校、有关职业培训机构应当将消防知识纳入教育、教学、培训的内容。

新闻、广播、电视等有关单位，应当有针对性地面向社会进行消防宣传教育。

工会、共产主义青年团、妇女联合会等团体应当结合各自工作对象的特点，组织开展消防宣传教育。

村民委员会、居民委员会应当协助人民政府以及公安机关、应急管理等部门，加强消防宣传教育。

第七条　国家鼓励、支持消防科学研究和技术创新，推广使用先进的消防和应急救援技术、设备；鼓励、支持社会力量开展消防公益活动。

对在消防工作中有突出贡献的单位和个人，应当按照国家有关规定给予表彰和奖励。

第二章　火灾预防

第八条　地方各级人民政府应当将包括消防安全布局、消防站、消防供水、消防通信、消防车通道、消防装备等内容的消防规划纳入城乡规划，并负责组织实施。

城乡消防安全布局不符合消防安全要求的，应当调整、完善；公共消防设施、消防装备不足或者不适应实际需要的，应当增建、改建、配置或者进行技术改造。

第九条　建设工程的消防设计、施工必须符合国家工程建设消防技术标准。建设、设计、施工、工程监理等单位依法对建设工程的消防设计、施工质量负责。

第十条　对按照国家工程建设消防技术标准需要进行消防设计的建设工程，实行建设工程消防设计审查验收制度。

第十一条　国务院住房和城乡建设主管部门规定的特殊建设工程，建设单位应当将消防设计文件报送住房和城乡建设主管部门审查，住房和城乡建设主管部门依法对审查的结果负责。

前款规定以外的其他建设工程，建设单位申请领取施工许可证或者申请批准开工报告时应当提供满足施工需要的消防设计图纸及技术资料。

第十二条　特殊建设工程未经消防设计审查或者审查不合格的，建设单位、施工单位不得施工；其他建设工程，建设单位未提供满足施工需要的消防设计图纸及技术资料的，有关部门不得发放施工许可证或者批准开工报告。

第十三条 国务院住房和城乡建设主管部门规定应当申请消防验收的建设工程竣工，建设单位应当向住房和城乡建设主管部门申请消防验收。

前款规定以外的其他建设工程，建设单位在验收后应当报住房和城乡建设主管部门备案，住房和城乡建设主管部门应当进行抽查。

依法应当进行消防验收的建设工程，未经消防验收或者消防验收不合格的，禁止投入使用；其他建设工程经依法抽查不合格的，应当停止使用。

第十四条 建设工程消防设计审查、消防验收、备案和抽查的具体办法，由国务院住房和城乡建设主管部门规定。

第十五条 公众聚集场所投入使用、营业前消防安全检查实行告知承诺管理。公众聚集场所在投入使用、营业前，建设单位或者使用单位应当向场所所在地的县级以上地方人民政府消防救援机构申请消防安全检查，作出场所符合消防技术标准和管理规定的承诺，提交规定的材料，并对其承诺和材料的真实性负责。

消防救援机构对申请人提交的材料进行审查；申请材料齐全、符合法定形式的，应当予以许可。消防救援机构应当根据消防技术标准和管理规定，及时对作出承诺的公众聚集场所进行核查。

申请人选择不采用告知承诺方式办理的，消防救援机构应当自受理申请之日起十个工作日内，根据消防技术标准和管理规定，对该场所进行检查。经检查符合消防安全要求的，应当予以许可。

公众聚集场所未经消防救援机构许可的，不得投入使用、营业。消防安全检查的具体办法，由国务院应急管理部门制定。

第十六条　机关、团体、企业、事业等单位应当履行下列消防安全职责：

（一）落实消防安全责任制，制定本单位的消防安全制度、消防安全操作规程，制定灭火和应急疏散预案；

（二）按照国家标准、行业标准配置消防设施、器材，设置消防安全标志，并定期组织检验、维修，确保完好有效；

（三）对建筑消防设施每年至少进行一次全面检测，确保完好有效，检测记录应当完整准确，存档备查；

（四）保障疏散通道、安全出口、消防车通道畅通，保证防火防烟分区、防火间距符合消防技术标准；

（五）组织防火检查，及时消除火灾隐患；

（六）组织进行有针对性的消防演练；

（七）法律、法规规定的其他消防安全职责。

单位的主要负责人是本单位的消防安全责任人。

第十七条　县级以上地方人民政府消防救援机构应当将发生火灾可能性较大以及发生火灾可能造成重大的人身伤亡或者财产损失的单位，确定为本行政区域内的消防安全重点单位，并由应急管理部门报本级人民政府备案。

消防安全重点单位除应当履行本法第十六条规定的职责外，还应当履行下列消防安全职责：

（一）确定消防安全管理人，组织实施本单位的消防安全管理工作；

（二）建立消防档案，确定消防安全重点部位，设置防火标志，实行严格管理；

（三）实行每日防火巡查，并建立巡查记录；

（四）对职工进行岗前消防安全培训，定期组织消防安全培训和消防演练。

第十八条 同一建筑物由两个以上单位管理或者使用的，应当明确各方的消防安全责任，并确定责任人对共用的疏散通道、安全出口、建筑消防设施和消防车通道进行统一管理。

住宅区的物业服务企业应当对管理区域内的共用消防设施进行维护管理，提供消防安全防范服务。

第十九条 生产、储存、经营易燃易爆危险品的场所不得与居住场所设置在同一建筑物内，并应当与居住场所保持安全距离。

生产、储存、经营其他物品的场所与居住场所设置在同一建筑物内的，应当符合国家工程建设消防技术标准。

第二十条 举办大型群众性活动，承办人应当依法向公安机关申请安全许可，制定灭火和应急疏散预案并组织演练，明确消防安全责任分工，确定消防安全管理人员，保持消防设施和消防器材配置齐全、完好有效，保证疏散通道、安全出口、疏散指示标志、应急照明和消防车通道符合消防技术标准和管理规定。

第二十一条 禁止在具有火灾、爆炸危险的场所吸烟、使用明火。因施工等特殊情况需要使用明火作业的，应当按照规定事先办理审批手续，采取相应的消防安全措施；作业人员应当遵守消防安全规定。

进行电焊、气焊等具有火灾危险作业的人员和自动消防系统的操作人员，必须持证上岗，并遵守消防安全操作规程。

第二十二条 生产、储存、装卸易燃易爆危险品的工厂、仓库和专用车站、码头的设置，应当符合消防技术标准。易燃易爆气体和液体的充装站、供应站、调压站，应当设置在符合消防安全要求的位置，并符合防火防爆要求。

已经设置的生产、储存、装卸易燃易爆危险品的工厂、仓库和专用车站、码头，易燃易爆气体和液体的充装站、供应站、调压站，不再符合前款规定的，地方人民政府应当组织、协调有关部门、单位限期解决，消除安全隐患。

第二十三条　生产、储存、运输、销售、使用、销毁易燃易爆危险品，必须执行消防技术标准和管理规定。

进入生产、储存易燃易爆危险品的场所，必须执行消防安全规定。禁止非法携带易燃易爆危险品进入公共场所或者乘坐公共交通工具。

储存可燃物资仓库的管理，必须执行消防技术标准和管理规定。

第二十四条　消防产品必须符合国家标准；没有国家标准的，必须符合行业标准。禁止生产、销售或者使用不合格的消防产品以及国家明令淘汰的消防产品。

依法实行强制性产品认证的消防产品，由具有法定资质的认证机构按照国家标准、行业标准的强制性要求认证合格后，方可生产、销售、使用。实行强制性产品认证的消防产品目录，由国务院产品质量监督部门会同国务院应急管理部门制定并公布。

新研制的尚未制定国家标准、行业标准的消防产品，应当按照国务院产品质量监督部门会同国务院应急管理部门规定的办法，经技术鉴定符合消防安全要求的，方可生产、销售、使用。

依照本条规定经强制性产品认证合格或者技术鉴定合格的消防产品，国务院应急管理部门应当予以公布。

第二十五条　产品质量监督部门、工商行政管理部门、消防救援机构应当按照各自职责加强对消防产品质量的监督检查。

第二十六条　建筑构件、建筑材料和室内装修、装饰材料的防火性能必须符合国家标准；没有国家标准的，必须符合行业标准。

人员密集场所室内装修、装饰，应当按照消防技术标准的要求，使用不燃、难燃材料。

第二十七条 电器产品、燃气用具的产品标准，应当符合消防安全的要求。

电器产品、燃气用具的安装、使用及其线路、管路的设计、敷设、维护保养、检测，必须符合消防技术标准和管理规定。

第二十八条 任何单位、个人不得损坏、挪用或者擅自拆除、停用消防设施、器材，不得埋压、圈占、遮挡消火栓或者占用防火间距，不得占用、堵塞、封闭疏散通道、安全出口、消防车通道。人员密集场所的门窗不得设置影响逃生和灭火救援的障碍物。

第二十九条 负责公共消防设施维护管理的单位，应当保持消防供水、消防通信、消防车通道等公共消防设施的完好有效。在修建道路以及停电、停水、截断通信线路时有可能影响消防队灭火救援的，有关单位必须事先通知当地消防救援机构。

第三十条 地方各级人民政府应当加强对农村消防工作的领导，采取措施加强公共消防设施建设，组织建立和督促落实消防安全责任制。

第三十一条 在农业收获季节、森林和草原防火期间、重大节假日期间以及火灾多发季节，地方各级人民政府应当组织开展有针对性的消防宣传教育，采取防火措施，进行消防安全检查。

第三十二条 乡镇人民政府、城市街道办事处应当指导、支持和帮助村民委员会、居民委员会开展群众性的消防工作。村民委员会、居民委员会应当确定消防安全管理人，组织制定防火安全公约，进行防火安全检查。

第三十三条 国家鼓励、引导公众聚集场所和生产、储存、运输、销售易燃易爆危险品的企业投保火灾公众责任保险；鼓励保险公司承保火灾公众责任保险。

第三十四条　消防设施维护保养检测、消防安全评估等消防技术服务机构应当符合从业条件，执业人员应当依法获得相应的资格；依照法律、行政法规、国家标准、行业标准和执业准则，接受委托提供消防技术服务，并对服务质量负责。

第三章　消防组织

第三十五条　各级人民政府应当加强消防组织建设，根据经济社会发展的需要，建立多种形式的消防组织，加强消防技术人才培养，增强火灾预防、扑救和应急救援的能力。

第三十六条　县级以上地方人民政府应当按照国家规定建立国家综合性消防救援队、专职消防队，并按照国家标准配备消防装备，承担火灾扑救工作。

乡镇人民政府应当根据当地经济发展和消防工作的需要，建立专职消防队、志愿消防队，承担火灾扑救工作。

第三十七条　国家综合性消防救援队、专职消防队按照国家规定承担重大灾害事故和其他以抢救人员生命为主的应急救援工作。

第三十八条　国家综合性消防救援队、专职消防队应当充分发挥火灾扑救和应急救援专业力量的骨干作用；按照国家规定，组织实施专业技能训练，配备并维护保养装备器材，提高火灾扑救和应急救援的能力。

第三十九条　下列单位应当建立单位专职消防队，承担本单位的火灾扑救工作：

（一）大型核设施单位、大型发电厂、民用机场、主要港口；

（二）生产、储存易燃易爆危险品的大型企业；

（三）储备可燃的重要物资的大型仓库、基地；

（四）第一项、第二项、第三项规定以外的火灾危险性较大、距离国家综合性消防救援队较远的其他大型企业；

（五）距离国家综合性消防救援队较远、被列为全国重点文物保护单位的古建筑群的管理单位。

第四十条 专职消防队的建立，应当符合国家有关规定，并报当地消防救援机构验收。

专职消防队的队员依法享受社会保险和福利待遇。

第四十一条 机关、团体、企业、事业等单位以及村民委员会、居民委员会根据需要，建立志愿消防队等多种形式的消防组织，开展群众性自防自救工作。

第四十二条 消防救援机构应当对专职消防队、志愿消防队等消防组织进行业务指导；根据扑救火灾的需要，可以调动指挥专职消防队参加火灾扑救工作。

第四章 灭火救援

第四十三条 县级以上地方人民政府应当组织有关部门针对本行政区域内的火灾特点制定应急预案，建立应急反应和处置机制，为火灾扑救和应急救援工作提供人员、装备等保障。

第四十四条 任何人发现火灾都应当立即报警。任何单位、个人都应当无偿为报警提供便利，不得阻拦报警。严禁谎报火警。

人员密集场所发生火灾，该场所的现场工作人员应当立即组织、引导在场人员疏散。

任何单位发生火灾，必须立即组织力量扑救。邻近单位应当给予支援。

消防队接到火警，必须立即赶赴火灾现场，救助遇险人员，排除险情，扑灭火灾。

第四十五条　消防救援机构统一组织和指挥火灾现场扑救，应当优先保障遇险人员的生命安全。

火灾现场总指挥根据扑救火灾的需要，有权决定下列事项：

（一）使用各种水源；

（二）截断电力、可燃气体和可燃液体的输送，限制用火用电；

（三）划定警戒区，实行局部交通管制；

（四）利用邻近建筑物和有关设施；

（五）为了抢救人员和重要物资，防止火势蔓延，拆除或者破损毗邻火灾现场的建筑物、构筑物或者设施等；

（六）调动供水、供电、供气、通信、医疗救护、交通运输、环境保护等有关单位协助灭火救援。

根据扑救火灾的紧急需要，有关地方人民政府应当组织人员、调集所需物资支援灭火。

第四十六条　国家综合性消防救援队、专职消防队参加火灾以外的其他重大灾害事故的应急救援工作，由县级以上人民政府统一领导。

第四十七条　消防车、消防艇前往执行火灾扑救或者应急救援任务，在确保安全的前提下，不受行驶速度、行驶路线、行驶方向和指挥信号的限制，其他车辆、船舶以及行人应当让行，不得穿插超越；收费公路、桥梁免收车辆通行费。交通管理指挥人员应当保证消防车、消防艇迅速通行。

赶赴火灾现场或者应急救援现场的消防人员和调集的消防装备、物资，需要铁路、水路或者航空运输的，有关单位应当优先运输。

第四十八条　消防车、消防艇以及消防器材、装备和设施，不得用于与消防和应急救援工作无关的事项。

第四十九条 国家综合性消防救援队、专职消防队扑救火灾、应急救援，不得收取任何费用。

单位专职消防队、志愿消防队参加扑救外单位火灾所损耗的燃料、灭火剂和器材、装备等，由火灾发生地的人民政府给予补偿。

第五十条 对因参加扑救火灾或者应急救援受伤、致残或者死亡的人员，按照国家有关规定给予医疗、抚恤。

第五十一条 消防救援机构有权根据需要封闭火灾现场，负责调查火灾原因，统计火灾损失。

火灾扑灭后，发生火灾的单位和相关人员应当按照消防救援机构的要求保护现场，接受事故调查，如实提供与火灾有关的情况。

消防救援机构根据火灾现场勘验、调查情况和有关的检验、鉴定意见，及时制作火灾事故认定书，作为处理火灾事故的证据。

第五章 监督检查

第五十二条 地方各级人民政府应当落实消防工作责任制，对本级人民政府有关部门履行消防安全职责的情况进行监督检查。

县级以上地方人民政府有关部门应当根据本系统的特点，有针对性地开展消防安全检查，及时督促整改火灾隐患。

第五十三条 消防救援机构应当对机关、团体、企业、事业等单位遵守消防法律、法规的情况依法进行监督检查。公安派出所可以负责日常消防监督检查、开展消防宣传教育，具体办法由国务院公安部门规定。

消防救援机构、公安派出所的工作人员进行消防监督检查，应当出示证件。

第五十四条 消防救援机构在消防监督检查中发现火灾隐患的，应当通知有关单位或者个人立即采取措施消除隐患；不及时消除隐患可能严重威胁公共安全的，消防救援机构应当依照规定对危险部位或者场所采取临时查封措施。

第五十五条　消防救援机构在消防监督检查中发现城乡消防安全布局、公共消防设施不符合消防安全要求，或者发现本地区存在影响公共安全的重大火灾隐患的，应当由应急管理部门书面报告本级人民政府。

接到报告的人民政府应当及时核实情况，组织或者责成有关部门、单位采取措施，予以整改。

第五十六条　住房和城乡建设主管部门、消防救援机构及其工作人员应当按照法定的职权和程序进行消防设计审查、消防验收、备案抽查和消防安全检查，做到公正、严格、文明、高效。

住房和城乡建设主管部门、消防救援机构及其工作人员进行消防设计审查、消防验收、备案抽查和消防安全检查等，不得收取费用，不得利用职务谋取利益；不得利用职务为用户、建设单位指定或者变相指定消防产品的品牌、销售单位或者消防技术服务机构、消防设施施工单位。

第五十七条　住房和城乡建设主管部门、消防救援机构及其工作人员执行职务，应当自觉接受社会和公民的监督。

任何单位和个人都有权对住房和城乡建设主管部门、消防救援机构及其工作人员在执法中的违法行为进行检举、控告。收到检举、控告的机关，应当按照职责及时查处。

第六章　法律责任

第五十八条　违反本法规定，有下列行为之一的，由住房和城乡建设主管部门、消防救援机构按照各自职权责令停止施工、停止使用或者停产停业，并处三万元以上三十万元以下罚款：

（一）依法应当进行消防设计审查的建设工程，未经依法审查或者审查不合格，擅自施工的；

（二）核查发现公众聚集场所使用、营业情况与承诺内容不符，经责令限期改正，逾期不整改或者整改后仍达不到要求的，依法撤销相应许可。

（三）依法应当进行消防验收的建设工程，未经消防验收或者消防验收不合格，擅自投入使用的；

（四）本法第十三条规定的其他建设工程验收后经依法抽查不合格，不停止使用的；

（五）公众聚集场所未经消防救援机构许可，擅自投入使用、营业的，或者经核查发现场所使用、营业情况与承诺内容不符的。

建设单位未依照本法规定在验收后报住房和城乡建设主管部门备案的，由住房和城乡建设主管部门责令改正，处五千元以下罚款。

第五十九条 违反本法规定，有下列行为之一的，由住房和城乡建设主管部门责令改正或者停止施工，并处一万元以上十万元以下罚款：

（一）建设单位要求建筑设计单位或者建筑施工企业降低消防技术标准设计、施工的；

（二）建筑设计单位不按照消防技术标准强制性要求进行消防设计的；

（三）建筑施工企业不按照消防设计文件和消防技术标准施工，降低消防施工质量的；

（四）工程监理单位与建设单位或者建筑施工企业串通，弄虚作假，降低消防施工质量的。

第六十条 单位违反本法规定，有下列行为之一的，责令改正，处五千元以上五万元以下罚款：

（一）消防设施、器材或者消防安全标志的配置、设置不符合国家标准、行业标准，或者未保持完好有效的；

（二）损坏、挪用或者擅自拆除、停用消防设施、器材的；

（三）占用、堵塞、封闭疏散通道、安全出口或者有其他妨碍安全疏散行为的；

（四）埋压、圈占、遮挡消火栓或者占用防火间距的；

（五）占用、堵塞、封闭消防车通道，妨碍消防车通行的；

（六）人员密集场所在门窗上设置影响逃生和灭火救援的障碍物的；

（七）对火灾隐患经消防救援机构通知后不及时采取措施消除的。

个人有前款第二项、第三项、第四项、第五项行为之一的，处警告或者五百元以下罚款。

有本条第一款第三项、第四项、第五项、第六项行为，经责令改正拒不改正的，强制执行，所需费用由违法行为人承担。

第六十一条　生产、储存、经营易燃易爆危险品的场所与居住场所设置在同一建筑物内，或者未与居住场所保持安全距离的，责令停产停业，并处五千元以上五万元以下罚款。

生产、储存、经营其他物品的场所与居住场所设置在同一建筑物内，不符合消防技术标准的，依照前款规定处罚。

第六十二条　有下列行为之一的，依照《中华人民共和国治安管理处罚法》的规定处罚：

（一）违反有关消防技术标准和管理规定生产、储存、运输、销售、使用、销毁易燃易爆危险品的；

（二）非法携带易燃易爆危险品进入公共场所或者乘坐公共交通工具的；

（三）谎报火警的；

（四）阻碍消防车、消防艇执行任务的；

（五）阻碍消防救援机构的工作人员依法执行职务的。

第六十三条 违反本法规定，有下列行为之一的，处警告或者五百元以下罚款；情节严重的，处五日以下拘留：

（一）违反消防安全规定进入生产、储存易燃易爆危险品场所的；

（二）违反规定使用明火作业或者在具有火灾、爆炸危险的场所吸烟、使用明火的。

第六十四条 违反本法规定，有下列行为之一，尚不构成犯罪的，处十日以上十五日以下拘留，可以并处五百元以下罚款；情节较轻的，处警告或者五百元以下罚款：

（一）指使或者强令他人违反消防安全规定，冒险作业的；

（二）过失引起火灾的；

（三）在火灾发生后阻拦报警，或者负有报告职责的人员不及时报警的；

（四）扰乱火灾现场秩序，或者拒不执行火灾现场指挥员指挥，影响灭火救援的；

（五）故意破坏或者伪造火灾现场的；

（六）擅自拆封或者使用被消防救援机构查封的场所、部位的。

第六十五条 违反本法规定，生产、销售不合格的消防产品或者国家明令淘汰的消防产品的，由产品质量监督部门或者工商行政管理部门依照《中华人民共和国产品质量法》的规定从重处罚。

人员密集场所使用不合格的消防产品或者国家明令淘汰的消防产品的，责令限期改正；逾期不改正的，处五千元以上五万元以下罚款，并对其直接负责的主管人员和其他直接责任人员处五百元以上二千元以下罚款；情节严重的，责令停产停业。

消防救援机构对于本条第二款规定的情形，除依法对使用者予以处罚外，应当将发现不合格的消防产品和国家明令淘汰的消防产品的情况通报产品质量监督部门、工商行政管理部门。产品质量监督部门、工商行政管理部门应当对生产者、销售者依法及时查处。

第六十六条 电器产品、燃气用具的安装、使用及其线路、管路的设计、敷设、维护保养、检测不符合消防技术标准和管理规定的，责令限期改正；逾期不改正的，责令停止使用，可以并处一千元以上五千元以下罚款。

第六十七条 机关、团体、企业、事业等单位违反本法第十六条、第十七条、第十八条、第二十一条第二款规定的，责令限期改正；逾期不改正的，对其直接负责的主管人员和其他直接责任人员依法给予处分或者给予警告处罚。

第六十八条 人员密集场所发生火灾，该场所的现场工作人员不履行组织、引导在场人员疏散的义务，情节严重，尚不构成犯罪的，处五日以上十日以下拘留。

第六十九条 消防设施维护保养检测、消防安全评估等消防技术服务机构，不具备从业条件从事消防技术服务活动或者出具虚假文件的，由消防救援机构责令改正，处五万元以上十万元以下罚款，并对直接负责的主管人员和其他直接责任人员处一万元以上五万元以下罚款；不按照国家标准、行业标准开展消防技术服务活动的，责令改正，处五万元以下罚款，并对直接负责的主管人员和其他直接责任人员处一万元以下罚款；有违法所得的，并处没收违法所得；给他人造成损失的，依法承担赔偿责任；情节严重的，依法责令停止执业或者吊销相应资格；造成重大损失的，由相关部门吊销营业执照，并对有关责任人员采取终身市场禁入措施。

前款规定的机构出具失实文件，给他人造成损失的，依法承担赔偿责任；造成重大损失的，由消防救援机构依法责令停止执业或者吊销相应资格，由相关部门吊销营业执照，并对有关责任人员采取终身市场禁入措施。

第七十条 本法规定的行政处罚，除应当由公安机关依照《中华人民共和国治安管理处罚法》的有关规定决定的外，由住房和城乡建设主管部门、消防救援机构按照各自职权决定。

被责令停止施工、停止使用、停产停业的，应当在整改后向作出决定的部门或者机构报告，经检查合格，方可恢复施工、使用、生产、经营。

当事人逾期不执行停产停业、停止使用、停止施工决定的，由作出决定的部门或者机构强制执行。

责令停产停业，对经济和社会生活影响较大的，由住房和城乡建设主管部门或者应急管理部门报请本级人民政府依法决定。

第七十一条 住房和城乡建设主管部门、消防救援机构的工作人员滥用职权、玩忽职守、徇私舞弊，有下列行为之一，尚不构成犯罪的，依法给予处分：

（一）对不符合消防安全要求的消防设计文件、建设工程、场所准予审查合格、消防验收合格、消防安全检查合格的；

（二）无故拖延消防设计审查、消防验收、消防安全检查，不在法定期限内履行职责的；

（三）发现火灾隐患不及时通知有关单位或者个人整改的；

（四）利用职务为用户、建设单位指定或者变相指定消防产品的品牌、销售单位或者消防技术服务机构、消防设施施工单位的；

（五）将消防车、消防艇以及消防器材、装备和设施用于与消防和应急救援无关的事项的；

（六）其他滥用职权、玩忽职守、徇私舞弊的行为。

产品质量监督、工商行政管理等其他有关行政主管部门的工作人员在消防工作中滥用职权、玩忽职守、徇私舞弊，尚不构成犯罪的，依法给予处分。

第七十二条　违反本法规定，构成犯罪的，依法追究刑事责任。

第七章　附　则

第七十三条　本法下列用语的含义：

（一）消防设施，是指火灾自动报警系统、自动灭火系统、消火栓系统、防烟排烟系统以及应急广播和应急照明、安全疏散设施等。

（二）消防产品，是指专门用于火灾预防、灭火救援和火灾防护、避难、逃生的产品。

（三）公众聚集场所，是指宾馆、饭店、商场、集贸市场、客运车站候车室、客运码头候船厅、民用机场航站楼、体育场馆、会堂以及公共娱乐场所等。

（四）人员密集场所，是指公众聚集场所，医院的门诊楼、病房楼，学校的教学楼、图书馆、食堂和集体宿舍，养老院，福利院，托儿所，幼儿园，公共图书馆的阅览室，公共展览馆、博物馆的展示厅，劳动密集型企业的生产加工车间和员工集体宿舍，旅游、宗教活动场所等。

第七十四条　本法自2009年5月1日起施行。

附录3　中华人民共和国职业病防治法①

目　录

第一章　总　则

第一条　为了预防、控制和消除职业病危害，防治职业病，保护劳动者健康及其相关权益，促进经济社会发展，根据宪法，制定本法。

第二条　本法适用于中华人民共和国领域内的职业病防治活动。

本法所称职业病，是指企业、事业单位和个体经济组织等用人单位的劳动者在职业活动中，因接触粉尘、放射性物质和其他有毒、有害因素而引起的疾病。

职业病的分类和目录由国务院卫生行政部门会同国务院劳动保障行

① 中华人民共和国职业病防治法，根据2018年12月29日第十三届全国人民代表大会常务委员会第七次会议《关于修改〈中华人民共和国劳动法〉等七部法律的决定》第四次修正。

政部门制定、调整并公布。

第三条　职业病防治工作坚持预防为主、防治结合的方针，建立用人单位负责、行政机关监管、行业自律、职工参与和社会监督的机制，实行分类管理、综合治理。

第四条　劳动者依法享有职业卫生保护的权利。

用人单位应当为劳动者创造符合国家职业卫生标准和卫生要求的工作环境和条件，并采取措施保障劳动者获得职业卫生保护。

工会组织依法对职业病防治工作进行监督，维护劳动者的合法权益。用人单位制定或者修改有关职业病防治的规章制度，应当听取工会组织的意见。

第五条　用人单位应当建立、健全职业病防治责任制，加强对职业病防治的管理，提高职业病防治水平，对本单位产生的职业病危害承担责任。

第六条　用人单位的主要负责人对本单位的职业病防治工作全面负责。

第七条　用人单位必须依法参加工伤保险。

国务院和县级以上地方人民政府劳动保障行政部门应当加强对工伤保险的监督管理，确保劳动者依法享受工伤保险待遇。

第八条　国家鼓励和支持研制、开发、推广、应用有利于职业病防治和保护劳动者健康的新技术、新工艺、新设备、新材料，加强对职业病的机理和发生规律的基础研究，提高职业病防治科学技术水平；积极采用有效的职业病防治技术、工艺、设备、材料；限制使用或者淘汰职业病危害严重的技术、工艺、设备、材料。

国家鼓励和支持职业病医疗康复机构的建设。

第九条　国家实行职业卫生监督制度。

国务院卫生行政部门、劳动保障行政部门依照本法和国务院确定的职责，负责全国职业病防治的监督管理工作。国务院有关部门在各自的职责范围内负责职业病防治的有关监督管理工作。

县级以上地方人民政府卫生行政部门、劳动保障行政部门依据各自职责，负责本行政区域内职业病防治的监督管理工作。县级以上地方人民政府有关部门在各自的职责范围内负责职业病防治的有关监督管理工作。

县级以上人民政府卫生行政部门、劳动保障行政部门（以下统称职业卫生监督管理部门）应当加强沟通，密切配合，按照各自职责分工，依法行使职权，承担责任。

第十条 国务院和县级以上地方人民政府应当制定职业病防治规划，将其纳入国民经济和社会发展计划，并组织实施。

县级以上地方人民政府统一负责、领导、组织、协调本行政区域的职业病防治工作，建立健全职业病防治工作体制、机制，统一领导、指挥职业卫生突发事件应对工作；加强职业病防治能力建设和服务体系建设，完善、落实职业病防治工作责任制。

乡、民族乡、镇的人民政府应当认真执行本法，支持职业卫生监督管理部门依法履行职责。

第十一条 县级以上人民政府职业卫生监督管理部门应当加强对职业病防治的宣传教育，普及职业病防治的知识，增强用人单位的职业病防治观念，提高劳动者的职业健康意识、自我保护意识和行使职业卫生保护权利的能力。

第十二条 有关防治职业病的国家职业卫生标准，由国务院卫生行政部门组织制定并公布。

国务院卫生行政部门应当组织开展重点职业病监测和专项调查，对职业健康风险进行评估，为制定职业卫生标准和职业病防治政策提供科学依据。

县级以上地方人民政府卫生行政部门应当定期对本行政区域的职业病防治情况进行统计和调查分析。

第十三条　任何单位和个人有权对违反本法的行为进行检举和控告。有关部门收到相关的检举和控告后，应当及时处理。

对防治职业病成绩显著的单位和个人，给予奖励。

第二章　前期预防

第十四条　用人单位应当依照法律、法规要求，严格遵守国家职业卫生标准，落实职业病预防措施，从源头上控制和消除职业病危害。

第十五条　产生职业病危害的用人单位的设立除应当符合法律、行政法规规定的设立条件外，其工作场所还应当符合下列职业卫生要求：

（一）职业病危害因素的强度或者浓度符合国家职业卫生标准；

（二）有与职业病危害防护相适应的设施；

（三）生产布局合理，符合有害与无害作业分开的原则；

（四）有配套的更衣间、洗浴间、孕妇休息间等卫生设施；

（五）设备、工具、用具等设施符合保护劳动者生理、心理健康的要求；

（六）法律、行政法规和国务院卫生行政部门关于保护劳动者健康的其他要求。

第十六条　国家建立职业病危害项目申报制度。

用人单位工作场所存在职业病目录所列职业病的危害因素的，应当及时、如实向所在地卫生行政部门申报危害项目，接受监督。

职业病危害因素分类目录由国务院卫生行政部门制定、调整并公布。

职业病危害项目申报的具体办法由国务院卫生行政部门制定。

第十七条 新建、扩建、改建建设项目和技术改造、技术引进项目（以下统称建设项目）可能产生职业病危害的，建设单位在可行性论证阶段应当进行职业病危害预评价。

医疗机构建设项目可能产生放射性职业病危害的，建设单位应当向卫生行政部门提交放射性职业病危害预评价报告。卫生行政部门应当自收到预评价报告之日起三十日内，作出审核决定并书面通知建设单位。未提交预评价报告或者预评价报告未经卫生行政部门审核同意的，不得开工建设。

职业病危害预评价报告应当对建设项目可能产生的职业病危害因素及其对工作场所和劳动者健康的影响作出评价，确定危害类别和职业病防护措施。

建设项目职业病危害分类管理办法由国务院卫生行政部门制定。

第十八条 建设项目的职业病防护设施所需费用应当纳入建设项目工程预算，并与主体工程同时设计，同时施工，同时投入生产和使用。

建设项目的职业病防护设施设计应当符合国家职业卫生标准和卫生要求；其中，医疗机构放射性职业病危害严重的建设项目的防护设施设计，应当经卫生行政部门审查同意后，方可施工。

建设项目在竣工验收前，建设单位应当进行职业病危害控制效果评价。

医疗机构可能产生放射性职业病危害的建设项目竣工验收时，其放射性职业病防护设施经卫生行政部门验收合格后，方可投入使用；其他建设项目的职业病防护设施应当由建设单位负责依法组织验收，验收合格后，方可投入生产和使用。卫生行政部门应当加强对建设单位组织的验收活动和验收结果的监督核查。

第十九条　国家对从事放射性、高毒、高危粉尘等作业实行特殊管理。具体管理办法由国务院制定。

第三章　劳动过程中的防护与管理

第二十条　用人单位应当采取下列职业病防治管理措施：

（一）设置或者指定职业卫生管理机构或者组织，配备专职或者兼职的职业卫生管理人员，负责本单位的职业病防治工作；

（二）制定职业病防治计划和实施方案；

（三）建立、健全职业卫生管理制度和操作规程；

（四）建立、健全职业卫生档案和劳动者健康监护档案；

（五）建立、健全工作场所职业病危害因素监测及评价制度；

（六）建立、健全职业病危害事故应急救援预案。

第二十一条　用人单位应当保障职业病防治所需的资金投入，不得挤占、挪用，并对因资金投入不足导致的后果承担责任。

第二十二条　用人单位必须采用有效的职业病防护设施，并为劳动者提供个人使用的职业病防护用品。

用人单位为劳动者个人提供的职业病防护用品必须符合防治职业病的要求；不符合要求的，不得使用。

第二十三条　用人单位应当优先采用有利于防治职业病和保护劳动者健康的新技术、新工艺、新设备、新材料，逐步替代职业病危害严重的技术、工艺、设备、材料。

第二十四条　产生职业病危害的用人单位，应当在醒目位置设置公告栏，公布有关职业病防治的规章制度、操作规程、职业病危害事故应急救援措施和工作场所职业病危害因素检测结果。

对产生严重职业病危害的作业岗位，应当在其醒目位置，设置警示标识和中文警示说明。警示说明应当载明产生职业病危害的种类、后果、预防以及应急救治措施等内容。

第二十五条 对可能发生急性职业损伤的有毒、有害工作场所，用人单位应当设置报警装置，配置现场急救用品、冲洗设备、应急撤离通道和必要的泄险区。

对放射工作场所和放射性同位素的运输、贮存，用人单位必须配置防护设备和报警装置，保证接触放射线的工作人员佩戴个人剂量计。

对职业病防护设备、应急救援设施和个人使用的职业病防护用品，用人单位应当进行经常性的维护、检修，定期检测其性能和效果，确保其处于正常状态，不得擅自拆除或者停止使用。

第二十六条 用人单位应当实施由专人负责的职业病危害因素日常监测，并确保监测系统处于正常运行状态。

用人单位应当按照国务院卫生行政部门的规定，定期对工作场所进行职业病危害因素检测、评价。检测、评价结果存入用人单位职业卫生档案，定期向所在地卫生行政部门报告并向劳动者公布。

职业病危害因素检测、评价由依法设立的取得国务院卫生行政部门或者设区的市级以上地方人民政府卫生行政部门按照职责分工给予资质认可的职业卫生技术服务机构进行。职业卫生技术服务机构所作检测、评价应当客观、真实。

发现工作场所职业病危害因素不符合国家职业卫生标准和卫生要求时，用人单位应当立即采取相应治理措施，仍然达不到国家职业卫生标准和卫生要求的，必须停止存在职业病危害因素的作业；职业病危害因素经治理后，符合国家职业卫生标准和卫生要求的，方可重新作业。

第二十七条 职业卫生技术服务机构依法从事职业病危害因素检测、评价工作，接受卫生行政部门的监督检查。卫生行政部门应当依法履行监督职责。

第二十八条 向用人单位提供可能产生职业病危害的设备的，应当提供中文说明书，并在设备的醒目位置设置警示标识和中文警示说明。警示说明应当载明设备性能、可能产生的职业病危害、安全操作和维护注意事项、职业病防护以及应急救治措施等内容。

第二十九条 向用人单位提供可能产生职业病危害的化学品、放射性同位素和含有放射性物质的材料的，应当提供中文说明书。说明书应当载明产品特性、主要成分、存在的有害因素、可能产生的危害后果、安全使用注意事项、职业病防护以及应急救治措施等内容。产品包装应当有醒目的警示标识和中文警示说明。贮存上述材料的场所应当在规定的部位设置危险物品标识或者放射性警示标识。

国内首次使用或者首次进口与职业病危害有关的化学材料，使用单位或者进口单位按照国家规定经国务院有关部门批准后，应当向国务院卫生行政部门报送该化学材料的毒性鉴定以及经有关部门登记注册或者批准进口的文件等资料。

进口放射性同位素、射线装置和含有放射性物质的物品的，按照国家有关规定办理。

第三十条 任何单位和个人不得生产、经营、进口和使用国家明令禁止使用的可能产生职业病危害的设备或者材料。

第三十一条 任何单位和个人不得将产生职业病危害的作业转移给不具备职业病防护条件的单位和个人。不具备职业病防护条件的单位和个人不得接受产生职业病危害的作业。

第三十二条 用人单位对采用的技术、工艺、设备、材料，应当知悉其产生的职业病危害，对有职业病危害的技术、工艺、设备、材料隐瞒其危害而采用的，对所造成的职业病危害后果承担责任。

第三十三条 用人单位与劳动者订立劳动合同（含聘用合同，下同）时，应当将工作过程中可能产生的职业病危害及其后果、职业病防护措施和待遇等如实告知劳动者，并在劳动合同中写明，不得隐瞒或者欺骗。

劳动者在已订立劳动合同期间因工作岗位或者工作内容变更，从事与所订立劳动合同中未告知的存在职业病危害的作业时，用人单位应当依照前款规定，向劳动者履行如实告知的义务，并协商变更原劳动合同相关条款。

用人单位违反前两款规定的，劳动者有权拒绝从事存在职业病危害的作业，用人单位不得因此解除与劳动者所订立的劳动合同。

第三十四条 用人单位的主要负责人和职业卫生管理人员应当接受职业卫生培训，遵守职业病防治法律、法规，依法组织本单位的职业病防治工作。

用人单位应当对劳动者进行上岗前的职业卫生培训和在岗期间的定期职业卫生培训，普及职业卫生知识，督促劳动者遵守职业病防治法律、法规、规章和操作规程，指导劳动者正确使用职业病防护设备和个人使用的职业病防护用品。

劳动者应当学习和掌握相关的职业卫生知识，增强职业病防范意识，遵守职业病防治法律、法规、规章和操作规程，正确使用、维护职业病防护设备和个人使用的职业病防护用品，发现职业病危害事故隐患应当及时报告。

劳动者不履行前款规定义务的，用人单位应当对其进行教育。

第三十五条 对从事接触职业病危害的作业的劳动者，用人单位应当按照国务院卫生行政部门的规定组织上岗前、在岗期间和离岗时的职业健康检查，并将检查结果书面告知劳动者。职业健康检查费用由用人单位承担。

用人单位不得安排未经上岗前职业健康检查的劳动者从事接触职业病危害的作业；不得安排有职业禁忌的劳动者从事其所禁忌的作业；对在职业健康检查中发现有与所从事的职业相关的健康损害的劳动者，应当调离原工作岗位，并妥善安置；对未进行离岗前职业健康检查的劳动者不得解除或者终止与其订立的劳动合同。

职业健康检查应当由取得《医疗机构执业许可证》的医疗卫生机构承担。卫生行政部门应当加强对职业健康检查工作的规范管理，具体管理办法由国务院卫生行政部门制定。

第三十六条 用人单位应当为劳动者建立职业健康监护档案，并按照规定的期限妥善保存。

职业健康监护档案应当包括劳动者的职业史、职业病危害接触史、职业健康检查结果和职业病诊疗等有关个人健康资料。

劳动者离开用人单位时，有权索取本人职业健康监护档案复印件，用人单位应当如实、无偿提供，并在所提供的复印件上签章。

第三十七条 发生或者可能发生急性职业病危害事故时，用人单位应当立即采取应急救援和控制措施，并及时报告所在地卫生行政部门和有关部门。卫生行政部门接到报告后，应当及时会同有关部门组织调查处理；必要时，可以采取临时控制措施。卫生行政部门应当组织做好医疗救治工作。

对遭受或者可能遭受急性职业病危害的劳动者，用人单位应当及时组织救治、进行健康检查和医学观察，所需费用由用人单位承担。

第三十八条 用人单位不得安排未成年工从事接触职业病危害的作业；不得安排孕期、哺乳期的女职工从事对本人和胎儿、婴儿有危害的作业。

第三十九条 劳动者享有下列职业卫生保护权利：

（一）获得职业卫生教育、培训；

（二）获得职业健康检查、职业病诊疗、康复等职业病防治服务；

（三）了解工作场所产生或者可能产生的职业病危害因素、危害后果和应当采取的职业病防护措施；

（四）要求用人单位提供符合防治职业病要求的职业病防护设施和个人使用的职业病防护用品，改善工作条件；

（五）对违反职业病防治法律、法规以及危及生命健康的行为提出批评、检举和控告；

（六）拒绝违章指挥和强令进行没有职业病防护措施的作业；

（七）参与用人单位职业卫生工作的民主管理，对职业病防治工作提出意见和建议。

用人单位应当保障劳动者行使前款所列权利。因劳动者依法行使正当权利而降低其工资、福利等待遇或者解除、终止与其订立的劳动合同的，其行为无效。

第四十条 工会组织应当督促并协助用人单位开展职业卫生宣传教育和培训，有权对用人单位的职业病防治工作提出意见和建议，依法代表劳动者与用人单位签订劳动安全卫生专项集体合同，与用人单位就劳动者反映的有关职业病防治的问题进行协调并督促解决。

工会组织对用人单位违反职业病防治法律、法规，侵犯劳动者合法权益的行为，有权要求纠正；产生严重职业病危害时，有权要求采取防护措施，或者向政府有关部门建议采取强制性措施；发生职业病危害事故时，有权参与事故调查处理；发现危及劳动者生命健康的情形时，有权向用人单位建议组织劳动者撤离危险现场，用人单位应当立即作出处理。

第四十一条 用人单位按照职业病防治要求，用于预防和治理职业病危害、工作场所卫生检测、健康监护和职业卫生培训等费用，按照国家有关规定，在生产成本中据实列支。

第四十二条　职业卫生监督管理部门应当按照职责分工，加强对用人单位落实职业病防护管理措施情况的监督检查，依法行使职权，承担责任。

第四章　职业病诊断与职业病病人保障

第四十三条　职业病诊断应当由取得《医疗机构执业许可证》的医疗卫生机构承担。卫生行政部门应当加强对职业病诊断工作的规范管理，具体管理办法由国务院卫生行政部门制定。

承担职业病诊断的医疗卫生机构还应当具备下列条件：

（一）具有与开展职业病诊断相适应的医疗卫生技术人员；

（二）具有与开展职业病诊断相适应的仪器、设备；

（三）具有健全的职业病诊断质量管理制度。

承担职业病诊断的医疗卫生机构不得拒绝劳动者进行职业病诊断的要求。

第四十四条　劳动者可以在用人单位所在地、本人户籍所在地或者经常居住地依法承担职业病诊断的医疗卫生机构进行职业病诊断。

第四十五条　职业病诊断标准和职业病诊断、鉴定办法由国务院卫生行政部门制定。职业病伤残等级的鉴定办法由国务院劳动保障行政部门会同国务院卫生行政部门制定。

第四十六条　职业病诊断，应当综合分析下列因素：

（一）病人的职业史；

（二）职业病危害接触史和工作场所职业病危害因素情况；

（三）临床表现以及辅助检查结果等。

没有证据否定职业病危害因素与病人临床表现之间的必然联系的，应当诊断为职业病。

职业病诊断证明书应当由参与诊断的取得职业病诊断资格的执业医师签署，并经承担职业病诊断的医疗卫生机构审核盖章。

第四十七条 用人单位应当如实提供职业病诊断、鉴定所需的劳动者职业史和职业病危害接触史、工作场所职业病危害因素检测结果等资料；卫生行政部门应当监督检查和督促用人单位提供上述资料；劳动者和有关机构也应当提供与职业病诊断、鉴定有关的资料。

职业病诊断、鉴定机构需要了解工作场所职业病危害因素情况时，可以对工作场所进行现场调查，也可以向卫生行政部门提出，卫生行政部门应当在十日内组织现场调查。用人单位不得拒绝、阻挠。

第四十八条 职业病诊断、鉴定过程中，用人单位不提供工作场所职业病危害因素检测结果等资料的，诊断、鉴定机构应当结合劳动者的临床表现、辅助检查结果和劳动者的职业史、职业病危害接触史，并参考劳动者的自述、卫生行政部门提供的日常监督检查信息等，作出职业病诊断、鉴定结论。

劳动者对用人单位提供的工作场所职业病危害因素检测结果等资料有异议，或者因劳动者的用人单位解散、破产，无用人单位提供上述资料的，诊断、鉴定机构应当提请卫生行政部门进行调查，卫生行政部门应当自接到申请之日起三十日内对存在异议的资料或者工作场所职业病危害因素情况作出判定；有关部门应当配合。

第四十九条 职业病诊断、鉴定过程中，在确认劳动者职业史、职业病危害接触史时，当事人对劳动关系、工种、工作岗位或者在岗时间有争议的，可以向当地的劳动人事争议仲裁委员会申请仲裁；接到申请的劳动人事争议仲裁委员会应当受理，并在三十日内作出裁决。

当事人在仲裁过程中对自己提出的主张，有责任提供证据。劳动者无法提供由用人单位掌握管理的与仲裁主张有关的证据的，仲裁庭应当要求用人单位在指定期限内提供；用人单位在指定期限内不提供的，应当承担不利后果。

劳动者对仲裁裁决不服的，可以依法向人民法院提起诉讼。

用人单位对仲裁裁决不服的，可以在职业病诊断、鉴定程序结束之日起十五日内依法向人民法院提起诉讼；诉讼期间，劳动者的治疗费用按照职业病待遇规定的途径支付。

第五十条　用人单位和医疗卫生机构发现职业病病人或者疑似职业病病人时，应当及时向所在地卫生行政部门报告。确诊为职业病的，用人单位还应当向所在地劳动保障行政部门报告。接到报告的部门应当依法作出处理。

第五十一条　县级以上地方人民政府卫生行政部门负责本行政区域内的职业病统计报告的管理工作，并按照规定上报。

第五十二条　当事人对职业病诊断有异议的，可以向作出诊断的医疗卫生机构所在地地方人民政府卫生行政部门申请鉴定。

职业病诊断争议由设区的市级以上地方人民政府卫生行政部门根据当事人的申请，组织职业病诊断鉴定委员会进行鉴定。

当事人对设区的市级职业病诊断鉴定委员会的鉴定结论不服的，可以向省、自治区、直辖市人民政府卫生行政部门申请再鉴定。

第五十三条　职业病诊断鉴定委员会由相关专业的专家组成。

省、自治区、直辖市人民政府卫生行政部门应当设立相关的专家库，需要对职业病争议作出诊断鉴定时，由当事人或者当事人委托有关卫生行政部门从专家库中以随机抽取的方式确定参加诊断鉴定委员会的专家。

职业病诊断鉴定委员会应当按照国务院卫生行政部门颁布的职业病

诊断标准和职业病诊断、鉴定办法进行职业病诊断鉴定，向当事人出具职业病诊断鉴定书。职业病诊断、鉴定费用由用人单位承担。

第五十四条 职业病诊断鉴定委员会组成人员应当遵守职业道德，客观、公正地进行诊断鉴定，并承担相应的责任。职业病诊断鉴定委员会组成人员不得私下接触当事人，不得收受当事人的财物或者其他好处，与当事人有利害关系的，应当回避。

人民法院受理有关案件需要进行职业病鉴定时，应当从省、自治区、直辖市人民政府卫生行政部门依法设立的相关的专家库中选取参加鉴定的专家。

第五十五条 医疗卫生机构发现疑似职业病病人时，应当告知劳动者本人并及时通知用人单位。

用人单位应当及时安排对疑似职业病病人进行诊断；在疑似职业病病人诊断或者医学观察期间，不得解除或者终止与其订立的劳动合同。

疑似职业病病人在诊断、医学观察期间的费用，由用人单位承担。

第五十六条 用人单位应当保障职业病病人依法享受国家规定的职业病待遇。

用人单位应当按照国家有关规定，安排职业病病人进行治疗、康复和定期检查。

用人单位对不适宜继续从事原工作的职业病病人，应当调离原岗位，并妥善安置。

用人单位对从事接触职业病危害的作业的劳动者，应当给予适当岗位津贴。

第五十七条 职业病病人的诊疗、康复费用，伤残以及丧失劳动能力的职业病病人的社会保障，按照国家有关工伤保险的规定执行。

第五十八条 职业病病人除依法享有工伤保险外，依照有关民事法律，尚有获得赔偿的权利的，有权向用人单位提出赔偿要求。

第五十九条 劳动者被诊断患有职业病，但用人单位没有依法参加工伤保险的，其医疗和生活保障由该用人单位承担。

第六十条 职业病病人变动工作单位，其依法享有的待遇不变。

用人单位在发生分立、合并、解散、破产等情形时，应当对从事接触职业病危害的作业的劳动者进行健康检查，并按照国家有关规定妥善安置职业病病人。

第六十一条 用人单位已经不存在或者无法确认劳动关系的职业病病人，可以向地方人民政府医疗保障、民政部门申请医疗救助和生活等方面的救助。

地方各级人民政府应当根据本地区的实际情况，采取其他措施，使前款规定的职业病病人获得医疗救治。

第五章 监督检查

第六十二条 县级以上人民政府职业卫生监督管理部门依照职业病防治法律、法规、国家职业卫生标准和卫生要求，依据职责划分，对职业病防治工作进行监督检查。

第六十三条 卫生行政部门履行监督检查职责时，有权采取下列措施：

（一）进入被检查单位和职业病危害现场，了解情况，调查取证；

（二）查阅或者复制与违反职业病防治法律、法规的行为有关的资料和采集样品；

（三）责令违反职业病防治法律、法规的单位和个人停止违法行为。

第六十四条 发生职业病危害事故或者有证据证明危害状态可能导致职业病危害事故发生时，卫生行政部门可以采取下列临时控制措施：

（一）责令暂停导致职业病危害事故的作业；

（二）封存造成职业病危害事故或者可能导致职业病危害事故发生的材料和设备；

（三）组织控制职业病危害事故现场。

在职业病危害事故或者危害状态得到有效控制后，卫生行政部门应当及时解除控制措施。

第六十五条 职业卫生监督执法人员依法执行职务时，应当出示监督执法证件。

职业卫生监督执法人员应当忠于职守，秉公执法，严格遵守执法规范；涉及用人单位的秘密的，应当为其保密。

第六十六条 职业卫生监督执法人员依法执行职务时，被检查单位应当接受检查并予以支持配合，不得拒绝和阻碍。

第六十七条 卫生行政部门及其职业卫生监督执法人员履行职责时，不得有下列行为：

（一）对不符合法定条件的，发给建设项目有关证明文件、资质证明文件或者予以批准；

（二）对已经取得有关证明文件的，不履行监督检查职责；

（三）发现用人单位存在职业病危害的，可能造成职业病危害事故，不及时依法采取控制措施；

（四）其他违反本法的行为。

第六十八条 职业卫生监督执法人员应当依法经过资格认定。

职业卫生监督管理部门应当加强队伍建设，提高职业卫生监督执法人员的政治、业务素质，依照本法和其他有关法律、法规的规定，建立、健全内部监督制度，对其工作人员执行法律、法规和遵守纪律的情况，进行监督检查。

第六章　法律责任

第六十九条　建设单位违反本法规定，有下列行为之一的，由卫生行政部门给予警告，责令限期改正；逾期不改正的，处十万元以上五十万元以下的罚款；情节严重的，责令停止产生职业病危害的作业，或者提请有关人民政府按照国务院规定的权限责令停建、关闭：

（一）未按照规定进行职业病危害预评价的；

（二）医疗机构可能产生放射性职业病危害的建设项目未按照规定提交放射性职业病危害预评价报告，或者放射性职业病危害预评价报告未经卫生行政部门审核同意，开工建设的；

（三）建设项目的职业病防护设施未按照规定与主体工程同时设计、同时施工、同时投入生产和使用的；

（四）建设项目的职业病防护设施设计不符合国家职业卫生标准和卫生要求，或者医疗机构放射性职业病危害严重的建设项目的防护设施设计未经卫生行政部门审查同意擅自施工的；

（五）未按照规定对职业病防护设施进行职业病危害控制效果评价的；

（六）建设项目竣工投入生产和使用前，职业病防护设施未按照规定验收合格的。

第七十条　违反本法规定，有下列行为之一的，由卫生行政部门给予警告，责令限期改正；逾期不改正的，处十万元以下的罚款：

（一）工作场所职业病危害因素检测、评价结果没有存档、上报、公布的；

（二）未采取本法第二十条规定的职业病防治管理措施的；

（三）未按照规定公布有关职业病防治的规章制度、操作规程、职业病危害事故应急救援措施的；

（四）未按照规定组织劳动者进行职业卫生培训，或者未对劳动者个人职业病防护采取指导、督促措施的；

（五）国内首次使用或者首次进口与职业病危害有关的化学材料，未按照规定报送毒性鉴定资料以及经有关部门登记注册或者批准进口的文件的。

第七十一条 用人单位违反本法规定，有下列行为之一的，由卫生行政部门责令限期改正，给予警告，可以并处五万元以上十万元以下的罚款：

（一）未按照规定及时、如实向卫生行政部门申报产生职业病危害的项目的；

（二）未实施由专人负责的职业病危害因素日常监测，或者监测系统不能正常监测的；

（三）订立或者变更劳动合同时，未告知劳动者职业病危害真实情况的；

（四）未按照规定组织职业健康检查、建立职业健康监护档案或者未将检查结果书面告知劳动者的；

（五）未依照本法规定在劳动者离开用人单位时提供职业健康监护档案复印件的。

第七十二条 用人单位违反本法规定，有下列行为之一的，由卫生行政部门给予警告，责令限期改正，逾期不改正的，处五万元以上二十万元以下的罚款；情节严重的，责令停止产生职业病危害的作业，或者提请有关人民政府按照国务院规定的权限责令关闭：

（一）工作场所职业病危害因素的强度或者浓度超过国家职业卫生标准的；

（二）未提供职业病防护设施和个人使用的职业病防护用品，或者提供的职业病防护设施和个人使用的职业病防护用品不符合国家职业卫生标准和卫生要求的；

（三）对职业病防护设备、应急救援设施和个人使用的职业病防护用品未按照规定进行维护、检修、检测，或者不能保持正常运行、使用状态的；

（四）未按照规定对工作场所职业病危害因素进行检测、评价的；

（五）工作场所职业病危害因素经治理仍然达不到国家职业卫生标准和卫生要求时，未停止存在职业病危害因素的作业的；

（六）未按照规定安排职业病病人、疑似职业病病人进行诊治的；

（七）发生或者可能发生急性职业病危害事故时，未立即采取应急救援和控制措施或者未按照规定及时报告的；

（八）未按照规定在产生严重职业病危害的作业岗位醒目位置设置警示标识和中文警示说明的；

（九）拒绝职业卫生监督管理部门监督检查的；

（十）隐瞒、伪造、篡改、毁损职业健康监护档案、工作场所职业病危害因素检测评价结果等相关资料，或者拒不提供职业病诊断、鉴定所需资料的；

（十一）未按照规定承担职业病诊断、鉴定费用和职业病病人的医疗、生活保障费用的。

第七十三条　向用人单位提供可能产生职业病危害的设备、材料，未按照规定提供中文说明书或者设置警示标识和中文警示说明的，由卫生行政部门责令限期改正，给予警告，并处五万元以上二十万元以下的罚款。

第七十四条　用人单位和医疗卫生机构未按照规定报告职业病、疑似职业病的，由有关主管部门依据职责分工责令限期改正，给予警告，可以并处一万元以下的罚款；弄虚作假的，并处二万元以上五万元以下的罚款；对直接负责的主管人员和其他直接责任人员，可以依法给予降级或者撤职的处分。

第七十五条 违反本法规定，有下列情形之一的，由卫生行政部门责令限期治理，并处五万元以上三十万元以下的罚款；情节严重的，责令停止产生职业病危害的作业，或者提请有关人民政府按照国务院规定的权限责令关闭：

（一）隐瞒技术、工艺、设备、材料所产生的职业病危害而采用的；

（二）隐瞒本单位职业卫生真实情况的；

（三）可能发生急性职业损伤的有毒、有害工作场所、放射工作场所或者放射性同位素的运输、贮存不符合本法第二十五条规定的；

（四）使用国家明令禁止使用的可能产生职业病危害的设备或者材料的；

（五）将产生职业病危害的作业转移给没有职业病防护条件的单位和个人，或者没有职业病防护条件的单位和个人接受产生职业病危害的作业的；

（六）擅自拆除、停止使用职业病防护设备或者应急救援设施的；

（七）安排未经职业健康检查的劳动者、有职业禁忌的劳动者、未成年工或者孕期、哺乳期女职工从事接触职业病危害的作业或者禁忌作业的；

（八）违章指挥和强令劳动者进行没有职业病防护措施的作业的。

第七十六条 生产、经营或者进口国家明令禁止使用的可能产生职业病危害的设备或者材料的，依照有关法律、行政法规的规定给予处罚。

第七十七条 用人单位违反本法规定，已经对劳动者生命健康造成严重损害的，由卫生行政部门责令停止产生职业病危害的作业，或者提请有关人民政府按照国务院规定的权限责令关闭，并处十万元以上五十万元以下的罚款。

第七十八条　用人单位违反本法规定，造成重大职业病危害事故或者其他严重后果，构成犯罪的，对直接负责的主管人员和其他直接责任人员，依法追究刑事责任。

第七十九条　未取得职业卫生技术服务资质认可擅自从事职业卫生技术服务的，由卫生行政部门责令立即停止违法行为，没收违法所得；违法所得五千元以上的，并处违法所得二倍以上十倍以下的罚款；没有违法所得或者违法所得不足五千元的，并处五千元以上五万元以下的罚款；情节严重的，对直接负责的主管人员和其他直接责任人员，依法给予降级、撤职或者开除的处分。

第八十条　从事职业卫生技术服务的机构和承担职业病诊断的医疗卫生机构违反本法规定，有下列行为之一的，由卫生行政部门责令立即停止违法行为，给予警告，没收违法所得；违法所得五千元以上的，并处违法所得二倍以上五倍以下的罚款；没有违法所得或者违法所得不足五千元的，并处五千元以上二万元以下的罚款；情节严重的，由原认可或者登记机关取消其相应的资格；对直接负责的主管人员和其他直接责任人员，依法给予降级、撤职或者开除的处分；构成犯罪的，依法追究刑事责任：

（一）超出资质认可或者诊疗项目登记范围从事职业卫生技术服务或者职业病诊断的；

（二）不按照本法规定履行法定职责的；

（三）出具虚假证明文件的。

第八十一条　职业病诊断鉴定委员会组成人员收受职业病诊断争议

当事人的财物或者其他好处的，给予警告，没收收受的财物，可以并处三千元以上五万元以下的罚款，取消其担任职业病诊断鉴定委员会组成人员的资格，并从省、自治区、直辖市人民政府卫生行政部门设立的专家库中予以除名。

第八十二条 卫生行政部门不按照规定报告职业病和职业病危害事故的，由上一级行政部门责令改正，通报批评，给予警告；虚报、瞒报的，对单位负责人、直接负责的主管人员和其他直接责任人员依法给予降级、撤职或者开除的处分。

第八十三条 县级以上地方人民政府在职业病防治工作中未依照本法履行职责，本行政区域出现重大职业病危害事故、造成严重社会影响的，依法对直接负责的主管人员和其他直接责任人员给予记大过直至开除的处分。

县级以上人民政府职业卫生监督管理部门不履行本法规定的职责，滥用职权、玩忽职守、徇私舞弊，依法对直接负责的主管人员和其他直接责任人员给予记大过或者降级的处分；造成职业病危害事故或者其他严重后果的，依法给予撤职或者开除的处分。

第八十四条 违反本法规定，构成犯罪的，依法追究刑事责任。

第七章 附 则

第八十五条 本法下列用语的含义：

职业病危害，是指对从事职业活动的劳动者可能导致职业病的各种危害。职业病危害因素包括：职业活动中存在的各种有害的化学、物理、生物因素以及在作业过程中产生的其他职业有害因素。

职业禁忌，是指劳动者从事特定职业或者接触特定职业病危害因素时，比一般职业人群更易于遭受职业病危害和罹患职业病或者可能导致原有自身疾病病情加重，或者在从事作业过程中诱发可能导致对他人生命健康构成危险的疾病的个人特殊生理或者病理状态。

第八十六条　本法第二条规定的用人单位以外的单位，产生职业病危害的，其职业病防治活动可以参照本法执行。

劳务派遣用工单位应当履行本法规定的用人单位的义务。

中国人民解放军参照执行本法的办法，由国务院、中央军事委员会制定。

第八十七条　对医疗机构放射性职业病危害控制的监督管理，由卫生行政部门依照本法的规定实施。

第八十八条　本法自 2002 年 5 月 1 日起施行。

参考文献

1. 曹阳、张涛等：《粮油仓储企业安全生产技术》，科学出版社 2019 年版。

2. 《消防安全重点单位微型消防站建设标准（试行）》公消〔2015〕301 号。

3. 《作业场所职业健康监督管理暂行规定》（国家安全监管总局第 23 号令）。

4. 张智杰：《国家安全生产监督管理规范》第一册，中国民艺出版社 2007 年版。

5. 王福川：《新型建筑材料》，中国建筑工业出版社 2008 年版。

6. 郝建新、胡琨等：《建设工程施工管理》，中国电力出版社 2008 年版。

7. 陈东、谢继红等：《热泵热水装置》，化学工业出版社 2009 年版。

8. 国家粮食局：《粮库安全生产守则》，2016 年。

9. 《山东省微型消防站建设标准 DB37/T 3486－2019》。

后　记

安全生产任重而道远。随着经济社会高速发展，科技应用迭代更新，安全生产面临的形势不断变化，挑战与机遇并存。党的十九届五中全会提出，要把安全发展贯穿国家发展各领域和全过程，防范和化解影响我国现代化进程的各种风险，筑牢国家安全屏障。安全是发展的前提，发展为安全提供保障，抓好安全和发展这两件大事，是每一个企业的重要责任，也是每个领导干部的应尽职责，更是每个安全管理者的光荣使命。

本书在撰写编排过程中，本着“合规、实用、有效”为原则，充分结合粮食企业安全生产管理实际，内容具有专业性、可操作性。其中，第一章重点介绍安全生产管理内容，解决安全生产做什么、怎么做的问题；第二章重点介绍安全隐患辨识，利用卡通图片形式，对粮食企业主要安全隐患作了辨识分析；第三章重点介绍粮食企业事故案例，通过对典型事故案例的分析，达到举一反三的目的；附录重点介绍安全生产法律法规，为企业安全管理提供了法律依据。

希望本书为粮食企业安全生产管理提供有益的借鉴，为推动国家粮食储备安全和国家粮食安全提供有益的帮助。

《安全生产》编写组
2021 年 6 月